Optimisez
VOTRE STRATÉGIE
COMMERCIALE

Vendre plus, mieux
ET AVEC LES MEILLEURES MARGES

Éditions d'Organisation
Groupe Eyrolles
61, bd Saint-Germain
75240 Paris cedex 05

www.editions-organisation.com
www.editions-eyrolles.com

ISBN : 978-2-212-53816-8

Antoine Leboyer
Jean-Claude Malraison

Préface d'Yvon Gattaz,
membre de l'Institut et
président d'honneur du MEDEF

Optimisez
votre stratégie
commerciale

Vendre plus, mieux
et avec les meilleures marges

EYROLLES

Éditions d'Organisation

Table des matières

Oui, « optimisez votre stratégie commerciale » est bien un livre de dirigeants désireux d'apporter une aide significative à des entreprises qui n'ont pas toujours compris l'importance de la fonction commerciale dans le management global.

Les deux auteurs présentent des garanties dans cette difficile action de conseilleurs efficaces.

Jean-Claude MALRAISON, après des fonctions importantes chez IBM où je l'ai connu, a dirigé avec succès la filiale européenne de PLANTRONICS, leader mondial des oreillettes, et il est aujourd'hui Administrateur de plusieurs entreprises de pointe.

Antoine LEBOYER, après SupÉlec et Harvard, a dirigé les canaux externes de l'éditeur de logiciels CANDLE, et il participe activement à plusieurs start-up.

Tous deux ont donc les compétences pour aider leurs confrères, et ils le font avec un enthousiasme communicatif et avec une méthode originale : établir des « routes ». Ils se transforment, ici, en ingénieurs des Ponts et Chaussées pour améliorer la circulation sur les territoires économiques et commerciaux.

Il n'est pas facile, effectivement, dans l'optimisation des ressources de l'entreprise, de sélectionner la bonne route. Or la stratégie économique dans l'entreprise, pour le commercial comme pour les campagnes militaires, consiste à trouver le plus vite possible le bon chemin vers la victoire.

Ici, le critère clé reste la rentabilité de l'entreprise et le dirigeant se trouve souvent placé devant le trou noir de la commercialisation, tout comme Paul MORAND se trouvait devant le « mur de la feuille blanche », lorsqu'il entamait la rédaction d'un nouvel ouvrage.

Et le même dirigeant doit arbitrer les choix d'investissements multiples, fonction exclusive et noble, à hauts risques, symbolisant la grandeur et les servitudes de ce poste stratégique.

Ce livre n'est ni un traité, ni un ouvrage documentaire. Il se veut un recueil de conseils pratiques d'hommes expérimentés à l'intention de leurs confrères confrontés aux arbitrages subtils qu'ils ont eux-mêmes connus et réglés.

Des routes d'initiations.
Des routes de très bons conseils.
Des routes d'utilités stratégiques.
Bonne route pour cet excellent livre !

Yvon GATTAZ
Membre de l'Institut
Président d'honneur du MEDEF

Deux situations opposées conduisent un dirigeant d'entreprise à une remise en cause profonde de l'existant.

Le montant des ventes se dégrade, la profitabilité baisse, des économies drastiques s'imposent. Il faut conduire le changement, la pression monte, il faut innover.

Ou à l'inverse, une nouvelle offre, un nouveau produit est en développement, ses perspectives sont prometteuses. Comment, alors, investir au mieux dans son lancement et combien faut-il investir ?

Les auteurs se sont trouvés à plusieurs reprises dans ces deux situations, dans des entreprises grandes et petites, des start-up et des multinationales, confrontés, chacune à leur façon au trou noir de la commercialisation. À chaque fois, ils ont appliqué les méthodes décrites dans cet ouvrage, avec succès.

Tout débute avec la descente aux enfers d'IBM dans les années 1990, des milliards de dollars de déficit, l'arrivée d'un nouveau P-DG Lou Gerstner, la restructuration de l'entreprise, la diminution systématique des coûts conduisent à la recherche d'un nouveau modèle commercial. La réponse ne viendra pas des consultants. Les dirigeants devaient réinventer, s'impliquer, mettre en place et obtenir des résultats.

Beaucoup d'acteurs sont concernés en interne comme en externe dans le processus de commercialisation : communication, marketing, ventes, canaux de distribution, logistique, après-vente. De nombreux spécialistes compétents dans chacun de ces domaines sont motivés, mais comment les coordonner ? Beaucoup d'approches brillantes s'attachent à résoudre des problèmes fragmentés, mais comment les articuler harmonieusement le long du cycle de vente ?

La différence de culture des parties prenantes est très prononcée. Faire dialoguer les ventes, le marketing, la logistique sur un sujet commun relève d'un tour de force à moins de rester superficiel et de ne pas rompre avec les pratiques existantes. Chacun a sa propre approche du problème, comment mobiliser, reconstruire en équipe, expliquer et convaincre devant tant de convictions divergentes ? Comment faire simple ? Comment faire rapide et pourtant progressif ?

L'idéal serait une méthode commune, une plate-forme que peuvent comprendre et partager, les spécialistes du marketing, de la communication, des ventes, de la finance, les partenaires extérieurs, agences et réseau de distribution. Un vocabulaire que tout le monde comprend et qui n'est pas réservé aux seuls spécialistes. Faire travailler main dans la main des forces concurrentes : ventes internes et externes, commerciaux et centre d'appels, marketing, publicité et communication.

Cette méthode, faute de l'avoir trouvée, nous l'avons inventée. Nous l'avons développée au sein d'une très grande multinationale, puis nous l'avons appliquée et perfectionnée au sein de PME et de start-up.

Parce qu'elle est simple, une entreprise peut y recourir quelle que soit sa taille. Parce qu'elle est fondée sur des principes élémentaires, elle peut s'appliquer quel que soit le domaine d'activité, à la fois pour des produits et des services. Parce qu'elle est progressive, elle peut se déployer de manière graduelle sans obliger à recourir à un « big-bang » illusoire au sein de l'entreprise.

Elle est pragmatique car inventée sur le terrain par des cadres responsables des résultats.

Nous proposons de partager notre expérience. Nous n'avons pas de prestations à offrir pour aider à la mise en œuvre et approfondir cette approche. Tout est contenu dans l'ouvrage pour une mise en place dans l'entreprise... lundi prochain si les dirigeants sont convaincus et aptes à conduire le changement.

C'est le livre dont nous aurions aimé disposer pour relever les défis que nous avons traversés.

Le couple « segment – produit » au cœur de la stratégie commerciale

Quels que soient la taille, le domaine d'activité ou la maturité d'une entreprise, personne ne remet en cause l'importance et la nécessité d'effectuer une segmentation. Le choix des segments majeurs fait partie des décisions fondamentales que doit prendre une direction générale.

L'objectif de ce premier chapitre est de montrer que loin d'être une simple formalité, l'exercice de segmentation est une opération :

– délicate par ses implications sur les priorités de l'entreprise,

– multiple car elle doit s'articuler sur plusieurs segmentations,

– révélatrice de la culture d'entreprise.

Nous présenterons, en fin de chapitre, des approches pratiques pour définir une segmentation en fonction de la maturité des produits et de l'environnement des clients.

1. « Segmenter, oui mais… au pluriel »

Qu'est ce que segmenter un marché ?

C'est tout simplement le fait de le diviser en groupes homogènes d'utilisateurs qui ont le même besoin et vont acheter les mêmes produits pour les mêmes raisons.

Tous les départements de l'entreprise sont concernés. La définition et le choix des segments sont une excellente plate-forme de communication au sein de l'entreprise. Elle doit permettre l'alignement des objectifs et une compréhension claire de la contribution de chacun.

Les entreprises monosegment

• Les fondateurs de la marque de voiture SMART ont décidé de cibler les citadins. Ceux-ci se déplacent généralement sur des petites distances, leur principal souci est le stationnement, ce sont en majorité des célibataires ou des jeunes couples sans enfants au pouvoir d'achat élevé, attiré par la nouveauté et par le style.

Muni de ces informations, le département produit a défini les caractéristiques d'un véhicule qui correspond à ce segment : une voiture à 3 portes, de petite taille, avec un moteur optimisé pour des vitesses de ville.

• Constatant que la Télévision puis Internet avaient révolutionné l'accès à l'actualité, les fondateurs de MÉTRO ou 20 MINUTES ont décidé de fournir un quotidien destiné aux personnes qui prennent tous les jours les transports en commun. Les caractéristiques du produit ont été adaptées à leurs besoins : le format du journal permet de l'ouvrir dans la rame de métro, le train ou l'autobus ; la durée de lecture ne dépasse jamais la durée du trajet entre deux stations (sauf si vous lisez lentement) ; les articles insistent plus sur les « faits » que sur leurs analyses (comme ce que l'on trouve sur Internet) et le prix a été fixé à… zéro €.

L'adéquation du contenu et du contenant de ces journaux leur a permis de se bâtir un solide lectorat qui a attiré les annonceurs générant ainsi une source régulière de revenu.

Ces deux exemples illustrent le choix d'un segment unique, fondé sur l'usage. Le produit ne donne pas lieu à de multiples déclinaisons.

Dans le cas des journaux gratuits, la population est large, mais le choix a été fait de privilégier un média parmi l'ensemble des moyens d'accès à l'information. Ces journaux sont en concurrence avec les quotidiens payants classiques ainsi que la Télévision, la Radio et Internet qui offrent également l'accès à l'information.

Il en est de même pour la Smart. Le constructeur a fait le choix d'un segment spécifique, reposant sur l'usage en ville. Ce segment est en concurrence avec les autres véhicules, mais aussi avec les transports urbains.

Les constructeurs classiques ont procédé à une segmentation différente, basée non pas sur l'usage mais sur les fonctions et sur les prix : berlines, break, voitures de sport. Le choix d'une voiture étant historiquement guidé plus par l'apparence que par l'usage : peu de conducteurs de voitures de sport pratiquent le sport automobile.

À l'inverse, on ne croise pas beaucoup de Smart sur les autoroutes, l'usage est essentiellement urbain.

La bonne compréhension du positionnement d'un produit par tous les acteurs de l'entreprise est donc fondamentale si on ne souhaite pas se contenter de mettre sur le marché un produit supplémentaire, comme un véhicule de plus ou un titre de journal additionel.

Les entreprises multisegment

Les cas d'entreprises monosegment sont rares. En général, les entreprises déclinent dans leur catalogue tout une gamme de produits pour cibler un marché plus large, recouvrant plusieurs segments.

Les grands éditeurs de presse sont très souvent des groupes possédant un nombre important de titres différents spécialisés par thème ou par âge.

3

Les produits industriels sont déclinés par famille de produits correspondant à des cibles de clients différents.

> Les fabricants d'outillage ont une gamme pour les professionnels, pour les bricoleurs avertis et un prix d'entrée pour les bricoleurs occasionnels. La différenciation s'opère par le biais de dénominations spécifiques tels que le recours au suffixe « pro », voire à la commercialisation sous une autre marque dans des réseaux de distribution distincts.

Pour ces entreprises multisegment, une segmentation approfondie du marché est encore plus indispensable. Les produits se font concurrence s'ils ne sont pas suffisamment différenciés. On parle alors de cannibalisation des produits haut de gamme par les produits à prix d'entrée, la conséquence étant une baisse des prix et des marges.

Les constructeurs automobiles sont passés maîtres dans l'art de produire des gammes de voitures destinées à des groupes sociaux différents à partir de pièces et de sous-ensembles communs.

> Le groupe VOLKSWAGEN commercialise les véhicules haut de gamme sous la marque AUDI et positionne VOLKSWAGEN, SEAT et SKODA sur des segments de prix décroissants, mais les véhicules partagent l'essentiel des composants.
>
> Il en est de même pour le groupe « SWISS WATCHES » qui utilise un mécanisme de quartz comme base pour les montres SWATCH, FLICK-FLACK pour les enfants et OMEGA en haut de gamme.

Segmentation géographique

Une segmentation peut également refléter des diversités géographiques.

Dans les pays émergents comme l'Inde ou la Chine apparaissent, des entreprises, de la petite société unipersonnelle aux grandes multinationales, capables de rivaliser en taille et en expertise avec leurs concurrents majeurs européens et américains. Ces entreprises recquièrent un niveau d'équipement industriel et technologique identique à celui mis en œuvre en Occident. Un autre segment est en train de croitre encore plus rapidement pour des équipements d'entrée de gamme avec des fonctions très simplifiées à bas prix qui ne sont commercialisés que dans ces pays. Il existe aussi marché pour les téléphones portables et les ordinateurs personnels les plus sophistiqués mais également pour des produits d'une extrême simplicité, à très bas prix, qui ne se vendraient pas en Europe ou aux États-Unis, destinés à une population au pouvoir d'achat moins élevé.

Au sein même de l'Europe, la segmentation, d'un pays à l'autre, est très différente.

> Plus de 90 % des utilisateurs de téléphones mobiles en Italie n'ont pas d'abonnement et utilisent des cartes prépayées. Dans d'autres pays, les cartes prépayées ne représentent qu'un marché de niche, avec seulement 15 % des usagers, jeunes utilisateurs qui accèdent à leur premier mobile.

> Ainsi l'opérateur japonais NTT DoCoMo a-t-il pu introduire dans de nombreux pays européens l'I-mode, l'Internet mobile par téléphone. Mais en Italie, le taux de pénétration de l'I-mode reste limité parce que l'accès au téléphone par carte prépayée limite l'accès à des services à valeur ajoutée.

La mondialisation progresse rapidement, mais heureusement, n'a pas balayé les cultures locales. L'Europe est coutumière de la multiplicité des cultures, les entreprises étrangères sont désarçonnées par la différence des réactions au sein de notre continent. Elles ne feront pas l'économie d'une segmentation géographique pour cerner les réalités du marché.

Marketing Produit – Marketing Client

Les exemples cités précédemment nous montrent à quel point segmenter est une opération difficile, complexe mais surtout variée (produits, pays, comportements…).

Il n'y a pas de critère unique qui permette de segmenter un marché. Il n'y a pas de méthode scientifique qui permette de définir de manière exhaustive et précise des critères de segmentation.

Il existe néanmoins deux approches que l'on pourrait considérer comme classiques :

• Une segmentation établie par la fonction *Marketing Produit*

Cette fonction travaille en étroite collaboration avec le département développement. Elle a pour objectif de déterminer les caractéristiques et le prix de marché des produits. Cette analyse conduit à définir les différents modèles qui constituent une famille de produits.

• Une segmentation sous la responsabilité du *Marketing Client*

C'est une segmentation qui doit permettre de déployer les ressources commerciales de l'entreprise en vue d'obtenir la meilleure couverture possible des marchés sélectionnés.

> **Il n'y a pas conflit de segmentations. Loin d'être antinomiques, ces deux segmentations de base doivent être complémentaires car elles permettent de prendre des décisions dans des domaines très différents.**

À l'époque où les technologies d'impression étaient dites « à impact », les familles d'imprimantes haut de gamme étaient classées par leur capacité d'impression. L'application critique était l'impression de bulletins de paye. Selon sa taille, une entreprise se dirigerait plus naturellement vers tel ou tel modèle qui lui permettrait de sortir à la fin du mois, dans le temps imparti, les bulletins de paye de ses employés. Le travail du Marketing Produit est donc de comprendre combien d'entreprises éditent elles-mêmes leur paye, quelles sont leur taille et leur répartition afin de définir une famille d'imprimantes couvrant au mieux les besoins d'impression de chaque catégorie d'entreprises.

Cette segmentation permet de définir certes les caractéristiques des produits mais ne permet pas de prendre des décisions sur la manière dont ces imprimantes doivent être commercialisées. Pour répondre à cette question, le Marketing Client devra comprendre comment les entreprises vont faire l'acquisition de ces produits.

Une segmentation traditionnelle s'établit couramment en prenant comme critère la taille de l'entreprise :

- Les grands comptes, au sein desquels on distingue les départements utilisateurs, le service achat... Ces clients choisiront probablement des produits haut de gamme. Le cycle de vente sera relativement long, incluant des produits et des services au sein de projets.
- Les petites et moyennes entreprises rechercheront des produits moins puissants mais destinés à des usages plus variés.

Ces entreprises n'ont pas un circuit de décision complexe comme dans les grands comptes. Leurs décisions sont rapides. En revanche, le montant de leurs commandes est plus faible et pose la question de la rentabilité de ce marché si les méthodes de vente ne sont pas adaptées.

Il est clair qu'une segmentation uniquement établie par le *Marketing client* ne permettrait pas de définir les caractéristiques des produits et que réciproquement, la segmentation du *Marketing Produit* ne donne pas d'indication qui permette l'élaboration d'une stratégie commerciale.

Le *Marketing client* peut avoir recours à d'autres approches pour définir une segmentation, reposant par exemple sur les comportements d'achat.

Les fabricants de pneus doivent distinguer les ventes de pneus dits de première monte et les ventes de pneus de remplacement. Même produit mais deux marchés distincts : la problématique de la première monte est de convaincre les constructeurs automobiles tandis que la seconde alternative exige la mise en place d'un réseau de proximité, susceptible de vendre les pneus de rechange et d'offrir les services d'installation associés. Il faut donc mettre en place une structure commerciale pour suivre en direct les constructeurs automobiles, dont il faut saisir les stratégies, les marchés cibles et donc la segmentation, les gammes de produits, les problématiques de coût et l'organisation industrielle. Pour aborder le marché des pneus de rechange, il faut bâtir et développer un réseau de revendeurs parmi les garagistes ou les points de vente spécialisés. Les structures commerciales, les ressources à déployer ainsi que les coûts de commercialisation pour suivre chacun de ces deux segments de marché sont de nature fondamentalement différente pour un produit strictement identique.

2. La segmentation appliquée aux activités internes de l'entreprise

La notion de segmentation est très souvent associée à la segmentation de marché. La science du Marketing a accompagné le passage d'une économie de la demande à une économie de l'offre.

La naissance du marketing : un cas d'école

Pour comprendre la naissance du marketing, le cas de l'électroménager est un bon exemple. Lorsque des produits apparaissent, dans les années 1950 il ne s'encombre pas de segmentation ni de marketing : il y avait plus de demande pour les machines à laver que les usines n'en produisaient ! Mais les choses ont changé, ensuite.

Le cas de l'électroménager

Lorsque la production a rattrapé la demande, la communication s'est portée sur les caractéristiques du produit et les mérites comparés du tambour qui use le linge par rapport au disque qui lave moins bien mais épargne le linge.

Cette communication très orientée sur le produit, était généralement véhiculée par voie d'« affichage » et diffusée par les revendeurs eux-mêmes démarchés par les représentants de la marque (les VRP).

La concurrence sur les prix s'est développée à partir des années 1970, la machine s'installe dans des cuisines intégrées et l'esthétique de la machine alliée à la sophistication de l'électronique changent la « machine » en une collaboratrice qui déroule fidèlement des programmes. Le produit est devenu l'élément d'un système : la cuisine intégrée.

À ce stade il convient de mieux connaître les motivations d'achat et les arguments qui séduisent.

Le marketing entre en action pour comprendre les différentes catégories de ménagères et leurs aspirations afin de mieux cibler les caractéristiques du produit et la communication correspondante. Les moyens publicitaires se développent et l'effort de communication vers les consommateurs s'intensifie. Elle se fera désormais par catégorie d'acheteurs c'est-à-dire par segment pour que les produits et les messages associés atteignent mieux leur « cible ».

La différence entre les marques s'atténue avec le temps. Les services associés tels que la maintenance forfaitaire, la garantie étendue, le dépannage 24/24… deviennent les véritables différenciateurs…

La distribution prend le relais, devenant la vitrine incontournable des fabricants et leur caution de qualité. Seuls quelques fabricants de matériels de haut de gamme comme MIELE peuvent se permettre une communication de marque.

Les ventes du fabricant sont réalisées par des canaux de distribution avec la mise en place de programmes de motivation, de structures de remises et de support technique. Pour assurer une couverture de marché efficace, une segmentation complémentaire se met en place : la segmentation des ventes par catégorie de revendeurs.

On comprend mieux à la lecture de cet exemple pourquoi le marketing et les ventes ont fait « main basse » sur le concept de segmentation au sein de l'entreprise, au point de le confondre avec le concept de « segmentation de marché ».

Pourtant, la segmentation n'est pas une technique qui se limite au marché.

La segmentation : un outil universel pour le pilotage des activités

Pour apprécier les progrès réalisés au sein de chaque département de l'entreprise, les techniques de tableau de bord sont devenues incontournables.

La pertinence du tableau de bord est liée directement au choix de bons indicateurs de mesure. Il faut se méfier des valeurs moyennes qui masquent les disparités. Le coût moyen d'une livraison calculé à partir de 5 livraisons par palette à des grossistes et de 1 000 livraisons unitaires à des clients n'a pas de signification.

Le suivi des valeurs moyennes est inopérant quand on cherche à comprendre une activité, à en améliorer l'efficacité et finalement innover. Il faut donc identifier des catégories d'éléments homogènes, soumis aux mêmes contraintes : ce sont les segments propres à chaque activité de l'entreprise.

Le chiffrage des coûts de commercialisation sera d'autant plus pertinent que l'entreprise maîtrise bien ses indicateurs. Les quelques exemples suivants illustrent la notion de segmentation des activités de l'entreprise dans la perspective de mieux cerner le coût des activités et de faciliter la communication entre les fonctions.

La segmentation dans la production

La production segmente ses opérations en fonction des outillages utilisés dans la chaîne d'assemblage, de la complexité et des volumes. Nous pouvons distinguer deux segments :

- Les produits à grand volume qui demandent un petit nombre d'opérations de montage sont les meilleurs candidats à la sous-traitance, voire à la délocalisation ;

- Les petites séries, faisant l'objet d'opérations nombreuses et nécessitant un outillage complexe font l'objet d'une production interne.

Il existe toute une gamme de déclinaisons possibles permettant de classer au mieux les produits. Chaque catégorie fait l'objet de contrôles qualité différents, sur une base d'échantillonnage pour les pièces à grand volume, ou systématiques pour les assemblages complexes. Les coûts de mise en place, la courbe d'apprentissage, les tests de mise en fabrication seront différents pour chacune des catégories définies, c'est-à-dire pour chaque segment.

Le leader mondial des microcasques, PLANTRONICS, a délocalisé en Chine la production des oreillettes à fil pour les téléphones mobiles, des pièces qui ont les caractéristiques suivantes : grands volumes, taches simples et peu nombreuses, contrôle de qualité par échantillonnage.

Mais en dépit de la différence du coût de main-d'œuvre, PLANTRONICS a conservé, la fabrication des oreillettes BLUETOOTH sans fil pour les mêmes téléphones portables, au Mexique, à proximité du laboratoire de développement situé en Californie. Ces produits demandent des opérations d'assemblage limitées mais présentent une courbe d'apprentissage longue. Ils exigent un contrôle qualité systématique. Ils font appel à des technologies qui évoluent très rapidement.

Les casques téléphoniques pour les centres d'appel constituent un troisième segment de production : c'est le domaine des grands volumes. Les déclinaisons sont nombreuses et des délais de production rapides.

Il faut chercher en permanence la flexibilité de la chaîne de fabrication : monaural ou binaural, avec ou sans filtre antibruit, respectant les normes de sécurité américaines ou européennes sont autant de modifications de la chaîne de montage, commande par commande.

De toute évidence sur cet exemple, une valeur moyenne obtenue par consolidation de produits aussi hétérogènes que l'oreillette BLUETOOTH ou le casque de Centre d'appels, n'est d'aucune utilité. Le suivi de l'indicateur correspondant ne renseigne pas sur les améliorations de productivité. Ce n'est pas une base d'échange pour communiquer avec les autres départements.

La mise en place et la pertinence d'une segmentation dans une unité de production indique le degré de motivation du management pour une amélioration permanente.

La segmentation logistique

Dans ce secteur les « objets » traités sont éminemment variés : la taille, le poids, les délais d'acheminement, les contraintes de livraison, sont autant de critères qui conduisent à définir des catégories d'objets homogènes. Ce sont les segments de la logistique.

> IBM a été le premier fabricant à introduire le PC en grande distribution au début des années 1990. La logistique utilisée était héritée de la livraison des grands ordinateurs à des clients ou à des sociétés spécialisées. Lorsque les premiers tests de livraison ont été effectués pour une chaîne de grande distribution, les responsables de la logistique ont dû faire face à une révolution puisque les grandes surfaces exigeaient un seul code-barres par article.
>
> Si le PC est traité comme un article unique aux yeux du consommateur, il est cependant conditionné dans plusieurs cartons : le clavier, l'unité centrale, l'écran... Mettre le tout dans un seul carton muni du code-barres unique semblait une solution simple mais les dimensions et le poids du carton dépassait les normes admises par la manipulation aux caisses. Tout le packaging a dû être revu.

Le produit grande distribution devenait un produit nouveau avec ses propres coûts et ses procédures, notamment la livraison dans une fenêtre de temps précise définie par la grande surface.

Il était exclu de gérer la logistique de ce nouveau produit avec les mêmes outils et les mêmes méthodes que les ordinateurs de grande taille. C'est un segment spécifique.

La segmentation au niveau administratif

La prise de commande est un domaine où la segmentation des activités est incontournable. On peut la pratiquer par type ou de famille de produits.

> C'est le choix pratiqué par l'opérateur téléphonique BELGACOM qui prend séparément les commandes pour la demande d'installation d'une ligne téléphonique, la demande d'un service associé comme la liaison Internet et l'abonnement à la télévision ADSL : « TV on line ». Un même client peut donc avoir trois interlocuteurs différents qui s'ignorent, dans trois départements distincts, chacun spécialisé sur un produit.

À l'inverse on peut organiser la prise de commande par type de client : les clients directs, les grossistes, et les revendeurs. Pour chacun de ces segments la procédure est structurée différemment.

À titre d'exemple :

- Une liaison électronique permanente avec suivi des stocks en temps réel et réapprovisionnement automatique dès que le niveau du stock critique est atteint, est une pratique courante dans la grande distribution et les grossistes spécialisés ;

- Un centre d'appels pour les revendeurs en complément d'un site web réservés aux professionnels ;

- Et un site web pour le grand public.

Autant de segments définis par le département administratif pour assurer le meilleur service, au moindre coût et à la plus grande satisfaction des clients.

De toute évidence le coût moyen d'une ligne de commande n'a aucun sens s'il est calculé sur l'ensemble, mais son suivi et son amélioration, segment par segment prend toute sa signification.

La gestion du département administratif n'est pas une consolidation d'infrastructures : sites web, centre téléphonique, liaison électronique et personnels internes, c'est une somme de segments qui éventuellement se partagent certaines infrastructures. Ils permettent d'identifier, de suivre et d'améliorer le coût et la qualité des relations avec une catégorie de clients homogènes. C'est l'objet d'une segmentation administrative.

La segmentation : Carrefour des cultures

La discussion entre départements se trouve grandement facilitée par la compréhension de ces segments qui constituent de réelles « plates-formes » de communication interne, une sorte de langage commun.

Chaque fonction documente, mesure et communique sa propre segmentation en interne. Ceci permet une meilleure connaissance réciproque des pratiques, des contraintes et des coûts pour tous les intervenants.

Le conflit traditionnel des fonctions, irritées par l'immobilisme et le peu de compréhension chez les « autres », peut être ainsi désamorcé par une meilleure compréhension en amont.

Le marketing produit sera peut-être moins ambitieux dans la conception de son packaging, s'il prend en compte la contrainte et le coût du transport lié aux quantités économiques. Les vendeurs auront une meilleure connaissance de la désorganisation qu'ils provoquent au sein de la logistique lorsqu'ils promettent des livraisons « en urgence »…

Pour une direction générale qui souhaite instaurer un climat d'innovation et d'amélioration permanente, la discussion des segmentations est un critère très révélateur des progrès réalisés par la culture d'entreprise.

Nous verrons plus encore dans les chapitres suivants comment la segmentation des activités internes de l'entreprise permet de servir de plate-forme de communication entre fonctions.

3. La segmentation, une décision de direction générale

La segmentation majeure... mais pas exclusive

Loin d'être réduite à une analyse fastidieuse de nombreux tableaux Excel confiée à quelques malheureux stagiaires, la segmentation est un exercice fondamental qui doit faire l'objet de décisions au plus haut niveau de l'entreprise.

Que ce soit le résultat d'une intuition de créateur ou d'une analyse de marché systématique, les fondateurs de start-up créent souvent leur entreprise sur un concept unique, très bien connu de chacun des collaborateurs. Tous les départements agissent en bonne intelligence.

Il est rare cependant que cette cohérence interne perdure lorsqu'une entreprise commence à croître. La conquête de nouveaux marchés, la croissance interne ou externe, le besoin de s'internationaliser amènent une entreprise à servir non plus un segment unique de clients mais des segments multiples. Chaque fonction de l'entreprise est amenée à faire évoluer son mode opératoire et son organisation.

> Amazon est un exemple classique. Jeff Bezos avait fait une étude pour définir quels seraient le ou les produits que les consommateurs seraient prêts à acheter sur Internet. Toute sa stratégie a donc consisté à bâtir aussi vite que possible la capacité (Site marchand, agrégation de catalogues, entrepôts de

15

livraison…) pour mettre à la disposition de ses clients un système d'achat de livres. Ayant constitué une communauté d'utilisateurs, il a étendu son offre à d'autres produits : CD, DVD, électronique, jouets, habillement… ce qui a conduit à restructurer le marketing, le département logistique…

L'impérialisme du « Business Case »

Chaque investissement et chaque dépense nouvelle doivent faire l'objet d'une étude de rentabilité intrinsèque : c'est l'objet du *business case*. Si la conclusion est positive, le nouveau projet sera soumis au plan. Des arbitrages seront ensuite opérés pour ne retenir que ceux qui sont prioritaires.

Les murs des salles de réunions peuvent témoigner des débats passionnés. Les équipes de développement proposent la nouvelle génération du produit miracle, différencié de ses concurrents, comportant une technologie innovante dont la mise au point présente un risque minimum. À l'autre extrémité de la table, le marketing et les ventes réclament une campagne de publicité de grande envergure permettant sans nul doute de faire exploser les ventes. Le tout, sous l'œil mi-blasé, mi-inquiet des départements finance et production qui se demandent quelles seront les conséquences de ces discussions sur leurs propres départements.

L'arbitrage final s'impose par la magie du *business case*. *Business case* que d'erreurs ont été commises en ton nom ! Certes un bon modèle financier constitue un élément d'analyse important. Mais il présente deux limites :

- Par expérience, tous les *business cases* sont favorables, surtout quand ils sont présentés par ceux qui doivent en bénéficier. Le monde n'est malheureusement pas aussi parfait.

- Plus fondamentalement, la marche d'une entreprise ne peut pas se résumer au choix des *business cases* les plus favorables sur le papier. L'entreprise doit définir en amont une stratégie et les priorités qui en découlent.

> Au niveau d'un conglomérat, GENERAL ELECTRIC a pour règle d'être leader ou second dans les segments où il est présent. Cela a pour conséquence, soit de se donner les moyens d'y parvenir, soit de sortir du segment.
>
> BARACODA, start-up française, avait comme stratégie d'être le numéro un sur le segment des lecteurs de code-barres utilisés dans les applications mobiles ;

Dès lors que la stratégie est arrêtée, le comité de direction n'aura pas à reconstruire le monde lors de chaque réunion pour définir les priorités d'investissement. Il prendra ses décisions d'allocation de ressources au regard de leurs contributions à la stratégie et non en fonction d'un *business case* douteux.

La remise en cause d'une segmentation

Malgré sa qualité et sa pertinence, une segmentation peut être abandonnée et repensée pour tenir compte de l'évolution technologique ou d'événements moins agréables comme l'arrivée de nouveaux concurrents, la perte de part de marché ou la baisse de profitabilité.

Quelle qu'en soit la cause, la remise à plat d'une segmentation se révèle toujours une excellente source de progrès.

L'activité PME/PMI d'IBM a longtemps été segmentée en structure pyramidale classique par taille de client. Chaque couche de la pyramide correspondant à un type de couverture commerciale :

- commerciaux face à face pour les plus grands de ces clients ;
- canaux externes pour les clients de moindre taille ;

- et enfin couverture téléphonique et marketing direct pour les plus petits ou pour les prospects.

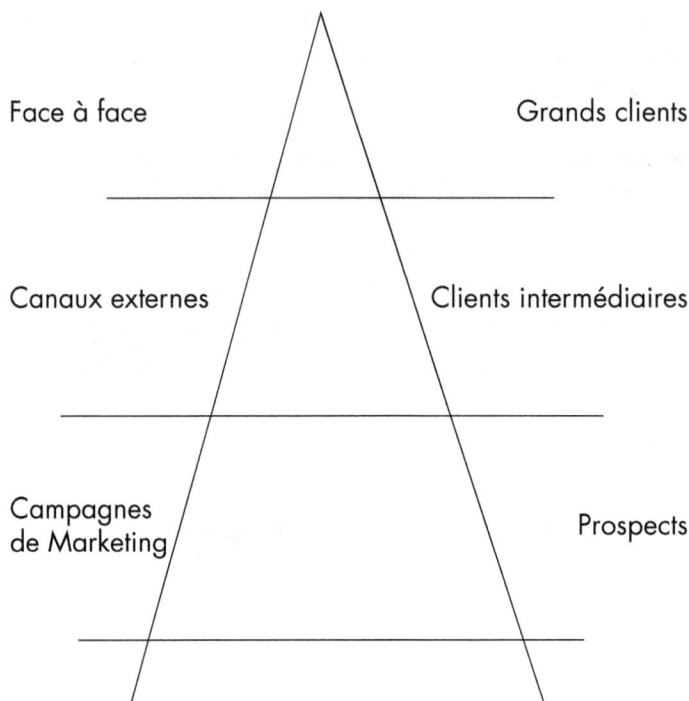

Face à face   Grands clients

Canaux externes   Clients intermédiaires

Campagnes
de Marketing   Prospects

Figure 1.1. **La pyramide par taille de clients**

Le nombre d'intervenants chez un client a augmenté avec le temps : les éditeurs de logiciels, les fournisseurs de services, les commerciaux d'IBM, les campagnes marketing réalisées au téléphone... Ils sont nombreux à se prétendre l'interlocuteur privilégié – le propriétaire du client. Au même moment, d'autres clients ou prospects ne reçoivent aucune attention.

Cette multiplicité d'intervenants était devenue un problème pour le client qui ne savait plus qui était responsable. C'était également un problème d'efficacité pour les ressources déployées par IBM qui se consacraient à des clients peu réceptifs à certains stades de leurs développements.

Une nouvelle segmentation a été définie et la pyramide bannie des présentations pour éviter la tentation d'une hiérarchie de clients qui conduisait à se limiter aux plus visibles et à se désintéresser de 80 % du marché.

La segmentation par taille du client a été remplacée par une segmentation fondée sur le type de relation client, illustrée en 4 carrés ou quadrants. (On ne soulignera jamais assez l'importance des symboles... depuis l'antiquité la plus reculée !).

Grands projets Face à face **1**	**Clients actifs** Suivi téléphonique **2**
4 **Clients / Prospects** Campagnes de Marketing	**3** **Applicatifs** Société de service Intégrateurs

Figure 1.2. **Les quadrants par type de relation client**

- Le quadrant 1 est le segment des projets complexes. Quelle que soit la taille du client, la relation est assurée par un interlocuteur face à face pendant la durée du projet.

- Le quadrant 2 est le segment des clients actifs qui demandent une relation permanente avec IBM, un accès facile et un suivi efficace de leurs requêtes.

La relation est assurée par un commercial au téléphone, disposant de toute la logistique d'un centre d'appels, équipé d'un logiciel de suivi de relation-client et ayant la même formation qu'un ingénieur commercial. On parle ainsi de « commercial assis ». Il a la capacité de s'entretenir avec une dizaine de clients par jour par opposition au commercial itinérant traditionnel qui peut participer quotidiennement à deux ou trois rendez-vous maximum.

- Le quadrant 3 contient les clients qui vont installer une nouvelle application et qui, de ce fait, attendent l'essentiel de leur relation avec le fournisseur de leurs applicatifs. Il s'agit dans la majorité des cas d'éditeurs de logiciels ou de société de service qui assurent la mise en œuvre, et les prestations associées chez le client. Le fabricant est réduit à un rôle de support à l'éditeur de logiciel.

- Le quadrant 4 regroupe tous les clients et prospects qui n'attendent pas de relation continue, mais feront l'objet de campagnes d'information ciblée par sujet sur la base d'une analyse de leur profil (domaine d'activité, taille, configuration en place…). Il est du ressort du marketing direct de générer des leads qui seront qualifiés et transmis aux interlocuteurs internes ou externes compétents.

Le passage de la « pyramide » aux quadrants, s'il a convaincu d'emblée la direction générale, a demandé beaucoup de persuasion auprès des multiples parties prenantes :

Cette réorganisation à nécessité la mise en place de centres d'appels avec des outils ad hoc, base de données et systèmes de relation-client. Six mois ont été nécessaires pour revenir à une situation stable.

Neuf mois après la décision de mettre en place cette nouvelle segmentation, la croissance du chiffre d'affaires passait de un à deux chiffres et le ratio dépense sur chiffre d'affaires baissait de plusieurs points.

La remise en cause d'une segmentation par pays

Un modèle prédominant de segmentation d'entreprises multinationales, appliqué durant les années quatre-vingt, consistait en une structuration par pays. Si les produits étaient développés en un seul lieu et faisaient l'objet d'une décision mondiale, chaque pays avait l'autorité et la latitude de fixer les prix, de définir le marketing mix, et de choisir son organisation. C'était l'époque où le pays était géré comme un centre de profit, une filiale à part entière.

Dans les années quatre-vingt-dix, ce modèle a été remis en cause avec la création de structures paneuropéennes. La création de la monnaie unique et le renforcement de l'espace économique européen ont favorisé cette approche dont l'objectif est la diminution des coûts de structure.

La pression sur les prix, et donc sur les marges, a conduit les entreprises à repenser leurs modes de commercialisation et à recourir à des outils et des méthodes plus spécialisées et plus sophistiquées : Centre d'appels, campagnes de génération de demande, suivi de clients par des équipes de télémarketing... La mise en place de ces structures a nécessité l'embauche de compétences pointues, rares et chères qui ne pouvaient pas être justifiées au niveau de chaque pays, même majeur. Dans cette optique, les entreprises ont créé des centres de compétences à l'échelle du continent, au-dessus des structures nationales.

CANDLE, un des plus grands éditeurs de Software privé, a lancé dans les années quatre-vingt-dix toute une série d'initiatives nouvelles : un département service, le marketing direct et l'ouverture de canaux de distribution. Cas extrême, pour ne pas distraire les directions de pays de

21

leurs missions initiales, tous ces départements ont été structurés en entités européennes, dès leur mise en place.

Des contraintes similaires ont été rencontrées dans le domaine de la logistique. Pour être capable de livrer des clients en 24 heures tout en contrôlant les stocks de produits finis, il s'est avéré nécessaire de créer des centres de distribution européens : une plate-forme centrale souvent située aux Pays-Bas et deux ont trois centres satellites de plus petite taille dont la gestion est centralisée et gérée comme un système unique.

Certains pays se sont donc trouvés pour la première fois sans stock local. Ils ont réduit ou fermé des départements entiers qui auparavant assuraient la logistique nationale.

Enfin, le besoin de renforcer les marques a limité les missions des équipes locales en charge de la publicité. Leur rôle n'est plus la définition des campagnes mais l'adaptation de campagnes internationales au marché national.

Lorsque HYPERCHANNEL, une place de marché sur Internet permettant d'accélérer les achats informatiques a lancé sa campagne de publicité dans les journaux spécialisés, les équipes locales ont eu à choisir parmi des messages élaborés au siège en Angleterre. Ces messages étaient le résultat de *focus groups* traditionnels, organisés par une et une seule agence de marketing.

Le rôle dévolu à chaque pays a consisté dans le choix de variantes mineures qui correspondraient à la culture locale : les pays allemands et nordiques ont choisi les encarts qui mettaient en valeur les réductions de coûts, les Anglais ont préféré des messages empreints d'humour tandis que les pays latins (dont la France) ont sélectionné ceux mettant en avant le gain de temps. Cette latitude très minime n'a demandé qu'une heure de téléconférence avec chaque pays.

Ces « fonctions » internationales ne sont plus assurées par des généralistes charismatiques à l'esprit entrepreneur mais par des spécialistes fonctionnels capables de travailler en équipe hétérogène de cultures multiples. Leur rôle n'est plus d'innover mais de comprendre et d'appliquer localement des stratégies qui sont décidées ailleurs, au niveau international, avec dans le meilleur des cas, leur contribution éventuelle.

4. Les dérives de la segmentation

Toutes les entreprises ne pratiquent pas l'art de segmenter aussi naturellement que nous venons de le décrire. Il est possible d'identifier plusieurs problèmes, classiquement liés à l'absence d'une segmentation rigoureuse et systématique.

L'absence de segmentation

Il arrive que certaines entreprises lancent des nouveaux produits sans avoir fait de segmentation dans le seul but de tester les réactions du marché.

> Un exemple célèbre est celui de WALKMAN, produit qui avait été développé pour satisfaire le PDG de SONY. Il voulait écouter de la musique en faisant du golf.

Quand une technologie est si nouvelle, il n'est pas vraiment possible d'en tester le potentiel par des méthodes classiques. Mieux vaut prendre le risque de se jeter à l'eau et d'observer les réactions du marché.

Même à l'issue d'études approfondies, les plus grandes entreprises peuvent se méprendre quant à l'accueil du marché.

> Lorsque la division PC d'IBM a organisé des réunions de clients, des *focus groups* pour leur soumettre le dispositif du *trackpoint* (souris tactile) qui remplace une souris d'ordinateur par un petit pointeur rouge situé au milieu du clavier, la réponse des clients avait dépassé toutes les espérances. IBM n'avait pas eu confiance en ces résultats même s'ils se confirmaient avec régularité. Ce dispositif était prévu seulement en option sur un nombre limité de modèles. Le marché a accueilli ces produits avec enthousiasme au point que les concurrents d'IBM ont licencié cette technologie.
>
> Faute d'une plus grande confiance dans les études de marché, IBM n'a pas tiré tout l'avantage possible de cette innovation.

Mettez-vous également à la place d'un créateur de start-up : il doit non seulement développer un nouveau produit mais également évaluer son potentiel sans avoir les moyens de sonder les marchés comme le pratiquent les grandes entreprises. En réalité, ces jeunes entreprises vont, dans leurs premières années d'existence, parier leur survie et leur succès sur le retour d'un petit nombre de clients et non sur une analyse systématique des marchés. Rares cependant sont les start-up qui savent métamorphoser leurs cultures pour pouvoir se concentrer dans un premier temps sur le développement et la stabilisation de leurs produits et dans un deuxième temps sur la connaissance et la conquête des marchés.

La réserve des hommes d'action sur la segmentation

De nombreux managers ne portent aucun intérêt aux bienfaits d'une segmentation ni aux analyses du marketing parce qu'ils sont uniquement motivés par le goût de l'action.

Pour beaucoup d'ingénieurs et de vendeurs, participer à une réunion où l'on commente les résultats d'une étude de marché est une vraie torture. Pour eux, une étude de marché est une activité considérée comme de la bureaucratie ou comme une nouvelle lubie onéreuse de la direction.

Pour échapper à la réunion, les ingénieurs prétexteront l'urgence d'un développement à finir, les vendeurs affirmeront qu'il est bien plus productif et noble d'aller chez leurs clients.

Pour ces fervents de l'action, réfléchir, c'est perdre son temps. Aussi étonnant que cela puisse paraître, nous avons observé cette attitude à tous les niveaux hiérarchiques quelle que soit la taille, la nationalité ou l'âge de l'entreprise. Lorsqu'un bon professionnel de la vente prend des fonctions de marketing, il est souvent tenté de généraliser ses expériences de terrain à l'ensemble du marché sous le bon prétexte qu'elles ont été couronnées de succès, sans chercher à valider son approche personnelle.

Le mythe des 80/20

Un autre refuge pour une entreprise qui n'a pas fait d'exercice de segmentation approfondie consiste à utiliser un raisonnement en apparence puissant, brillant et simple qui est celui des 80-20.

Les limites des « Top 20 »

Ce raisonnement consiste à mettre en avant que 20 % des clients réalisent 80 % du chiffre d'affaires et donc qu'il est inutile de chercher à développer tout autre forme de segmentation. Cette analyse est souvent faite par les managers « orientés action » que nous venons d'évoquer précédemment. Leurs recommandations consistent à renforcer les relations avec les principaux clients existants et à mettre en place des revues régulières pour s'assurer, à tous les niveaux hiérarchiques, du bon déroulement des projets avec ces « Top 20 » (prononcer twenty pour avoir l'air branché). C'est une logique implacable mais qui n'est pas sans conséquence.

Les risques du reporting

La logique du 80/20 conduit à la mise en place d'un reporting pointilleux qui permet de surveiller la bonne réalisation des plans d'action.

Les « Top 20 » font l'objet d'une attention permanente. À brève échéance, le suivi se transforme en une bureaucratie envahissante, qui occulte les questions fondamentales, à savoir comprendre où va la concurrence et où se trouvent les nouvelles sources de croissance.

Un autre risque est de voir le reporting devenir une fin en soi, de promouvoir les « apparatchiks » en considérant que le « meilleur » est celui qui fait le meilleur reporting et non celui qui apporte les meilleurs résultats.

Il est facile d'identifier les clients qui contribuent à 80 % du chiffre d'affaires mais il est plus délicat de savoir lesquels contribuent à 80 % du résultat net. Les grands clients sont souvent très exigeants et demandent des traitements particuliers, des ressources dédiées, la prise de risques, ainsi que les remises les plus fortes. Les transactions moyennes sur des clients de petite et moyenne taille sont moins élevées, mais plus nombreuses et présentent souvent des ratios de profitabilité supérieurs.

La tentation de se limiter aux pays majeurs

Il est tentant de limiter le déploiement des ressources aux pays dits majeurs. C'est le cas en Europe puisque les 5 pays majeurs représentent plus de 70 % des marchés et que les coûts de mise en place de structure, pays par pays, peuvent s'avérer significatifs.

Le marketing opérationnel peut également être séduit par ce pragmatisme simpliste et réducteur de la charge de travail. Les traductions dans différentes langues et les contacts locaux pour des activités de relations presse et de communication sont grandement allégés.

En prenant du recul sur la période précédente, se limiter aux cinq pays majeurs aurait été absolument suicidaire pour une entreprise : la croissance des jeunes pays européens a été bien supérieure à celle de la « Vieille Europe ». Les entreprises qui ont investi sur des pays comme l'Espagne ou l'Irlande ont eu de meilleures performances que celles qui sont restées sur les pays majeurs.

5. Culture d'entreprise et segmentation

Nous avons évoqué précédemment l'existence de deux segmentations types réalisées sous l'égide du *Marketing produit* et du *Marketing client*.

À l'instar de la segmentation du marché, il est possible de classer les entreprises dans deux catégories qui reflètent les priorités, les centres d'intérêt et les discussions, en bref la culture d'entreprise.

La première catégorie est animée par la technologie, on parle en anglais d'entreprises *Technology-driven*, c'est-à-dire centrées sur la technologie par opposition à celles qui sont *Market-driven*. On peut les qualifier de manière assez flatteuse comme étant obsédées par l'écoute du marché, la connaissance et la compréhension des clients.

Dans les entreprises qui sont *Technology-driven*, les décisions de commercialisation seront considérées comme secondaires par rapport aux améliorations des produits. C'est très souvent le cas de start-up mais cela peut être aussi le cas de grandes entreprises. Un exemple connu dans le monde des ordinateurs a été celui de Digital Equipment, dont la philosophie des fondateurs reposait sur un credo : si les produits sont de bonne qualité, la force de vente est inutile.

Le virage d'IBM

Lorsque Lou Gerstner a pris la direction d'IBM, le géant de l'informatique était dans un état critique et perdait plusieurs milliards de dollars par an. Il a constaté que la culture de l'entreprise accordait une trop grande part à la technologie, ce qui n'est pas surprenant pour un fabricant d'ordinateurs à qui tout avait réussi pendant des décennies.

27

GERSTNER s'est positionné avant tout comme un client d'IBM à la tête d'IBM. Au-delà de la formule, il a imposé à tous ses collaborateurs directs de rendre compte de leurs discussions avec des clients dans leurs rapports mensuels. Ce genre de consigne descend rapidement la pyramide et produit un impact énorme sur la culture et les processus de l'entreprise.

Une orientation fondamentale prise par LOU GERSTNER a été le refus de suivre les recommandations d'analystes de Wall Street et de consultants qui cédaient à la mode ambiante de l'époque et suggéraient qu'IBM se restructure en douze unités indépendantes, correspondant à douze lignes de produits sous prétexte d'établir avec précision la rentabilité de chaque activité.

L'organisation a été redéfinie pour permettre une bonne adéquation avec les préoccupations des clients. IBM a mis en place une structure de management matricielle où les directions produits étaient au même niveau hiérarchique que les segments de clientèle par secteur d'activité : banque, assurance, distribution…

Lorsqu'une division produit lui présentait son plan annuel de développement, GERSTNER demandait immanquablement quels étaient les clients, par leur nom, qui justifiaient telle ou telle évolution. C'est par des procédures de ce genre, alliées à un apostolat de tous les instants, qu'IBM est redevenu une entreprise *Market-driven* et a remis le « client » au centre de ses actions.

Une autre initiative lancée par GERSTNER a consisté dans la nomination d'un « *managing director* » pour chacun des 50 plus gros clients d'IBM. Ce titre évoque dans les pays anglo-saxons la direction d'une entreprise. Ils ont chez le client une stature qui ouvre la porte des niveaux hiérarchiques élevés et en interne, la crédibilité nécessaire pour faire avancer les besoins du client ! C'est un signe d'une culture d'entreprise « *customer driven* » quand on constate que les directeurs en charge du développement des produits, de la fabrication, du marketing sont au même niveau hiérarchique que les directeurs en charge de grands clients.

Les symptômes d'une culture Technology-driven

Il est facile de reconnaître les symptômes d'une entreprise qui est de culture *Technology-driven* plutôt que *Market-driven* :

- Les produits sont trop complexes et trop riches fonctionnellement ; ils contiennent trop de caractéristiques que le marché ne saura pas apprécier. En 1989, la division PC d'IBM a voulu répondre aux menaces que représentaient les produits compatibles en introduisant un nouveau système de communication interne propriétaire, le « *Micro-Channel* ». Cette technologie faisait la fierté des ingénieurs mais le marché souhaitait une compatibilité entre les anciens et les nouveaux modèles et surtout un système ouvert aux périphériques du marché.

- MERCEDES-BENZ s'est également fait connaître pour avoir lancé un modèle de voiture qui contenait toutes les modifications proposées par les ingénieurs et qui finalement répondait si peu aux attentes du marché que personne n'a remarqué le travail réalisé.

- La dérive du « *Technology driven* » n'est pas limitée au seul domaine de la technologie ou du monde industriel, elle peut se retrouver aussi dans le monde des services bancaires. Ainsi il est très fréquent de voir une documentation sur des fonds de placement qui expliquent en long et en large la sophistication des méthodes quantitatives utilisées pour gérer les fonds. Ce que demandent les clients est en fait bien plus simple, ils veulent comparer la performance historique des fonds par rapport à d'autres placements. C'est la fierté des « techniciens »

29

de la finance qui est ici flattée. Dans les dernières années, les services financiers sont devenus beaucoup plus *Market-driven* et se sont aperçus qu'il fallait créer des produits financiers qui reflètent l'actualité. C'est ce qui explique la création d'une multitude de fonds à thème, comme les fonds garantis lancés après plusieurs crises boursières ou des fonds centrés sur l'énergie, les matières premières, les pays émergeants…

- Au lieu de recourir à des noms évocateurs, les produits sont souvent désignés par des suites barbares d'acronymes, chiffres et symboles. BARACODA, jeune start-up française qui fabrique des lecteurs de code-barres avait toute une famille de produits répondant au nom de 2604 parce que les ingénieurs avaient fini le développement de leurs produits un 26 avril. BARA-CODA a lancé un nouveau lecteur destiné au marché de la mobilité et l'a nommé ROADRUNNER, nom d'un oiseau vivant dans le désert, connu pour sa rapidité de mouvement, une appellation plus à même de créer une image pour le produit qu'une suite de chiffres.

- Le site Web d'une entreprise est également un bon révélateur : une entreprise *Technology-driven* organisera systématiquement son site par famille de produits et non par marchés ou par usage. Reportez-vous au site de PHILIPS consacré aux produits d'éclairage. Pour le consommateur particulier, la classification est faite par environnement : éclairage pour la voiture ou pour la maison. Pour le professionnel le site est organisé par métier : maîtres d'ouvrage, installateurs… On ne peut pas être plus à l'écoute de ses marchés.

Par opposition, le site de leur concurrent OSRAM reflète une culture d'ingénieurs (leur logo n'est-il pas : « *The ingenious everywhere light* » ?). Il n'y a pas de logique sur la page principale, elle met au même niveau les communiqués de presse, et un pêle-mêle d'informations techniques, de téléchargements, de salons professionnels…

- Enfin, un mode d'emploi surdimensionné et abscons est souvent le signe d'une culture ingénieur trop marquée. Le mode d'emploi de l'autoradio est souvent plus volumineux que celui de la voiture… même pour les SMART, pourtant réputées pour être les champions de la compacité.

> **Soyez lucides et faites le test suivant : relisez les ordres du jour des comités de direction des trois derniers mois et calculez le pourcentage du temps consacré à l'examen des demandes clients et des tendances du marché.**
> **Vous saurez si votre entreprise est à dominante *Market-driven* ou *Technology-driven*.**

Être leader ou suiveur

Il est important pour une entreprise de trouver un bon équilibre entre les approches *Market* et *Technology-driven*. Il n'est pas facile de choisir le moment opportun pour investir sur des demandes complexes et avancées des clients. Pour rentabiliser l'investissement sur une période raisonnable, le marché doit être suffisamment réceptif.

C'est le problème rencontré par les grandes sociétés de service, les Intégrateurs de Systèmes qui ont bien compris que précéder le client, anticiper ses besoins, relève d'une stratégie coûteuse, voire risquée. Ces entreprises ne consacrent que peu de ressources à « vendre » de nouveaux concepts à leurs clients. Par contre, elles accompagnent un client, souvent à ses frais, pour la mise en œuvre de solutions avancées. Ceci leur permet d'acquérir sans risque un savoir-faire que le marché réclamera par la suite.

31

Pour ces entreprises, le marketing se limite alors à la promotion de leurs compétences et de leurs références, et non pas à la promotion d'une solution, ce rôle étant assumé par le fournisseur du matériel ou du logiciel.

6. Deux approches fondamentales de segmentation

Nous venons de montrer l'importance de la segmentation ou des segmentations de son marché. L'objet de cette dernière partie est de présenter deux approches particulièrement importantes pour compléter la segmentation client : le cycle de vie d'un produit et la notion d'écosystème.

Le cycle de vie d'un produit

Il existe un cadre d'analyse simple et pragmatique pour segmenter des marchés en fonction de la maturité d'un produit, représenté par une courbe connue sous le nom de cycle de vie d'un produit. Cette formalisation a été articulée par GOEFFREY MOORE, consultant, auteur et Venture Capitaliste américain.

Cette approche est issue de domaines liés à la technologie où le cycle de vie des produits est particulièrement court. Elle est généralisable à tous les secteurs, pour des offres de produits ou de services destinées aux entreprises comme aux consommateurs.

MOORE a défini plusieurs étapes classiques de la vie d'un produit au cours desquelles les clients auront des attitudes et des comportements très différents.

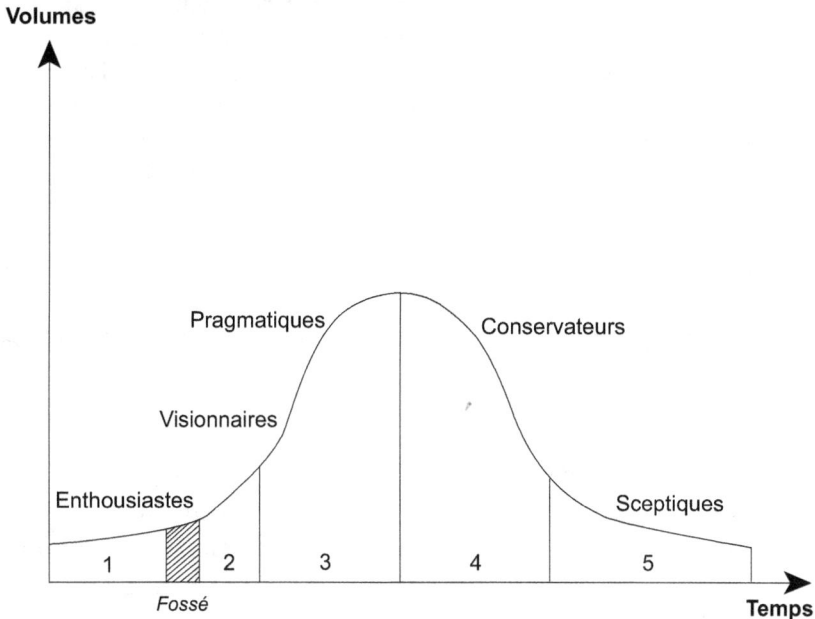

Figure 1.3. **Cycle de vie d'un produit**

Phase 1 : les « enthousiastes »

Durant cette première étape, le produit, au sens générique du terme n'est pas encore complètement finalisé, mais a la capacité de séduire des clients que l'on pourrait qualifier d'« enthousiastes ».

Ce type de client est typiquement curieux et séduit par la nouveauté, essentiellement parce qu'il s'agit d'une nouveauté. Le produit n'est pas encore connu et accepté, il est encore du domaine des initiés. La communication n'est pas encore dans le domaine public et ne fait l'objet de commentaires que dans des publications spécialisées. L'utilisateur est tolérant et en général autonome, il est en avance sur son entourage.

33

Dans le domaine du logiciel, le principe des « Beta Tests » correspond à cette phase. La mise au point et le test des nouvelles versions sont effectués par des pilotes qui, non seulement ne sont pas rémunérés par l'éditeur, mais sont prêts à payer le produit pour être parmi les premiers à expérimenter. La décision de rendre un produit disponible avant son lancement réel est un pari sur le niveau de qualité requis. Plus on veut améliorer le produit, plus on allonge la durée des pilotes. À l'inverse, un produit insuffisamment testé peut dégrader son image de qualité. C'est le concept du « *good enough* » (littéralement traduit par : suffisamment bon) que Microsoft a particulièrement bien maîtrisé, en rendant public des versions de Windows dont le manque de stabilité faisait rire les experts mais dont se contentaient des « *techies* » enthousiastes.

On commet souvent l'erreur de confondre l'étape des « enthousiastes » avec des études de positionnement de produit, des études de marché et autres « *focus groups* » qui interviennent en amont lors de la définition des produits. Lorsqu'on en est à ce stade de la vie du produit, la naissance a déjà eu lieu. Le produit existe et les clients « enthousiastes » sont prêts à payer. Certes la prise en compte des retours en provenance des utilisateurs entraîne des mises au point de l'offre, mais le train est lancé.

Cette étape est paradoxalement la seule où, comme nous l'avons évoqué plus haut, il ne faut pas nécessairement se soucier de segmenter son marché. Le challenge est dans les mains des développeurs qui doivent finaliser leur produit. S'il s'agit d'un produit physique et non d'un service ou d'un *Software*, la fabrication s'effectue en petite série, les méthodes et les coûts de fabrication sont validés, ce qui permet au produit de passer ensuite de la phase de développement à la phase de fabrication.

Le ciblage se fera non seulement en direction des « *techies* » dont les avis constituent un excellent retour sur les fonctionnalités offertes, mais aussi en direction des leaders d'opinion en raison de leur visibilité ou de leur influence, voire de la référence qu'ils apportent en tant que client.

> Le lancement par BELGACOM des services de télévision sur ADSL illustre bien les caractéristiques de cette phase : les clients volontaires sont avertis par courrier qu'ils font partie des 1 000 premiers. Le service est payant et inclut la mise à disposition d'une installation et d'une assistance gratuite. La vente a bien lieu, mais « sous contrôle ». Il s'agit de mettre en place les premiers éléments de l'écosystème du produit, concept que nous développerons dans le paragraphe suivant.

Enfin il ne faut pas non plus confondre cette phase avec un programme de marketing, souvent utilisé au cours des phases suivantes et qui repose sur un message du type « soyez les premiers », diffusé à grande échelle comme accroche publicitaire.

Phase 2 : les « visionnaires »

Quand le produit est validé, quand son utilisation est stable et quand la production monte en volume, il est temps d'aborder l'étape suivante qui consiste à franchir ce que MOORE appelle « le fossé ». C'est à cette étape que va se dérouler le lancement du produit, désormais confronté aux réalités du marché et de la commercialisation.

MOORE a constaté que de nombreux produits sont restés sans lendemain en dépit de leurs qualités intrinsèques.

> Qui se souvient encore de la téléphonie satellitaire, du Newton d'APPLE et de tous les autres assistants personnels avant que le concept ne triomphe sous l'égide de PALM et que BLACKBERRY aux États-Unis ne s'impose en apportant des réelles valeurs démontrables à des utilisateurs, des cassettes Vidéo Betamax de PHILIPS, des Vidéodisques avant que le DVD ne s'impose ?

Un produit matériel ou immatériel présente rarement de l'intérêt aussi longtemps qu'il reste à l'état isolé. Il doit s'intégrer dans un ensemble et composer un système ou une application qui puisse apporter un réel avantage pour l'utilisateur.

- Les Ipods ont été longtemps disponibles mais ils ont vraiment connu le succès lors du lancement d'Itunes qui permet de télécharger un contenu musical varié.

- Une simple oreillette de téléphone mobile peut devenir un élément fondamental de la sécurité des commerciaux au volant de leur voiture et passer du statut de l'accessoire au statut d'un élément de sécurité obligatoire.

Pour franchir « le fossé », MOORE explique qu'il faut attirer des clients « visionnaires » qui seront à même de trouver pour un nouveau produit, de nouvelles perspectives d'utilisation et d'intégration. Ils vont souvent découvrir des justifications et une rentabilité que les développeurs et les études de marketing n'avaient pas soupçonnées.

> BARACODA, start-up française, a développé des lecteurs de code-barres qui utilisent la technologie de communication sans-fil Bluetooth. BARACODA a contacté ses premiers clients pour mieux comprendre dans quelles circonstances leurs produits étaient utilisés. Ils ont recensé des applications aussi variées que l'automatisation des forces de vente, les opérations de logistique et les interventions de réparation et de maintenance... Ce qui les a conduits à segmenter le marché par application et à mettre en place un programme pour assister les éditeurs.
>
> Informer les passagers du retard de leur avion ou de leur train par SMS lorsque la réservation a été faite par Internet est une belle application que les ingénieurs peuvent résumer à un simple acheminement de messages électroniques. Il a fallu la mise en œuvre de cette technologie par des clients « visionnaires » pour faire un nouvel outil de relation clients à partir de simples SMS.

Cette phase installe le produit ou le service sur son marché en lui donnant des perspectives d'utilisation et d'applications. On parle communément lors de cette phase d'une segmentation par application ou par usage. L'enjeu est de mobiliser un maximum de ressources extérieures susceptibles de fournir l'assistance, la formation, aux clients dans la phase de décision et de mise en œuvre. C'est la phase des projets peu nombreux, mais visibles. Le marché attend la disponibilité de compétences et de ressources, qui, à leur tour, attendent que le marché se confirme.

> Le démarrage réel du marché de la voix sur IP, la communication téléphonique aux normes d'Internet, a été retardé de plus d'un an, en raison de ce cercle vicieux des ressources insuffisantes faute d'un marché porteur… lui-même en attente de ressources. Le discours confiant, trop peut-être, de la part des fournisseurs, a fait l'objet d'une communication publique très ouverte, avant même que soit réellement disponible une technologie opérationnelle. La phase des « enthousiastes » a été négligée et le « fossé », de ce fait, difficile ou impossible à franchir.

Phase 3 : les « pragmatiques »

Si une entreprise réussit à passer cette deuxième étape avec soin, le marché évolue et se transforme. Un nouveau segment émerge. Moore le désigne sous le nom de « pragmatiques ».

Les clients vont franchir le pas parce que le concept ou le produit a fait ses preuves, les références sont connues et publiées, les échecs sont analysés et les bénéfices escomptés sont quantifiés. Les pragmatiques ne souhaitent pas jouer les pionniers comme les visionnaires. Ils ne souhaitent pas non plus se laisser distancer par les nouveautés. C'est au cours de cette phase que la demande atteint son niveau le plus élevé. La marge financière réalisée par le produit est à son plus haut niveau.

Les coûts de développement sont réduits à la maintenance et au support. La pression sur les prix n'est pas encore apparue, il faut se soucier de bien couvrir tout le marché sélectionné le plus vite possible, en rendant le produit facilement accessible et bien accompagné des éléments d'assistance et d'intégration.

La démultiplication des ressources extérieures devient fondamentale pour apporter l'information, aider à l'utilisation, répondre aux questions…

Toute l'évolution du produit est guidée par le souci de le maintenir dans cette phase le plus longtemps possible. Cela passe par l'annonce de nouvelles versions et de nouveaux modèles qui sont suffisamment proches pour ne pas revenir en phase 1 ou 2, mais qui sont suffisamment innovants pour donner aux « pragmatiques » déjà équipés une bonne raison d'évoluer. Accessoirement ces nouveaux modèles rendent la tâche un peu plus difficile pour les concurrents. Typiquement, ces évolutions ne sont que des améliorations de prix-performances et des fonctions mineures.

Le marché, disposant désormais d'informations, est devenu plus réceptif. C'est à ce stade que les efforts de communication et de publicité sont les plus rentables. Le bien-fondé du concept n'est plus à prouver, il faut déclencher l'acte d'achat. Lorsque les clients deviendront plus informés, la pression sur les prix s'exercera progressivement et on assistera au passage à la phase suivante.

Phase 4 : les « conservateurs »

Une fois le marché des pragmatiques couvert, la demande va fléchir. On entre dans une quatrième phase où les clients sont des « conservateurs » qui n'ont pas été séduits par l'innovation, et ne sont pas influencés par les « visionnaires ». Le changement est un peu contraint par l'entourage, mais il faut bien évoluer sans pour autant innover. Le concept et les techniques sont devenus familiers, et surtout les prix baissent. Des concurrents attractifs ont envahi le marché, les compétences de ventes et d'installation sont facilement disponibles. Le produit devient une commodité et échappe aux points de vente spécialisés.

La marge subit la pression des prix, mais elle est soutenue par les volumes et la réduction des coûts de fabrication. La courbe d'apprentissage est à son apogée. Il faut adapter les structures de ventes et de distribution pour diminuer la part des dépenses consacrées à la commercialisation. Les ressources consacrées au support des projets spécifiques sont réorientées vers l'animation du marché.

La décision d'achat sera déclenchée par des offres spéciales, portant sur le prix ou les services. La proximité avec le client devient un élément majeur, on entre dans l'ère du packaging, du merchandising et de la grande distribution dans de nombreux cas.

La nature des partenaires change. On recherche principalement des capacités de logistique, de génération de la demande. L'assistance technique et le suivi sont maintenant industrialisés sous forme de hot line et ne sont plus fournis, lors de la vente, sinon de manière superficielle.

Dans cette étape, les ingénieurs ne travaillent plus sur le produit ou seulement sur des éléments mineurs à la demande du marketing, en appui du merchandising. Les seules modifications sont souvent réalisées par la production sans mobiliser les ressources de développement qui sont déjà réaffectées à d'autres projets.

Phase 5 : les « sceptiques »

La dernière phase se conclut par le retrait du produit. On n'atteint plus que le dernier bastion des « sceptiques ». Les sceptiques sont ces personnes qui autour de vous invoquent toutes les bonnes raisons pour ne pas utiliser de téléphone portable. À ce stade, la technologie est complètement banalisée et les entreprises vont probablement abandonner prochainement ce produit ou ce modèle.

Cycle de vie et « commoditisation »

Les entreprises ont plusieurs moyens pour répondre à la « commoditisation » inévitable qui survient au cours des phases 4 et 5.

Elles peuvent exploiter leur base installée et proposer à leurs clients des produits et services additionnels complémentaires.

> C'est ce que pratiquent les opérateurs téléphoniques avec les offres de téléphonie fixe. Ce marché est devenu la commodité par excellence : des volumes en décroissance dont les marges ne cessent de diminuer. Pour compenser cette baisse, les opérateurs ont étendu leurs offres pour inclure l'accès Internet puis la télévision numérique par ADSL puis la voix sur IP...
>
> Il est également possible de retarder la « commoditisation » en transformant des produits en services. Face à l'érosion des marges sur les ordinateurs centraux, IBM a utilisé sa compétence technologique pour proposer des offres d'infogérance qui intègrent non seulement les serveurs mais également tous les services nécessaires à leur exploitation.

Volumes

| | Produit différencié :

- Fortes marges
- Support technique important | | Commodité :

- Produit banalisé : baisse des marges
- Augmentation du coût de commercialisation du produit |

Pragmatiques

Conservateurs

Visionnaires

Enthousiastes

Sceptiques

1   2   3   4   5

Fossé

Temps

- Forte Croissance
- Faibles couts de support techniques et de commercialisation
- Marges confortables

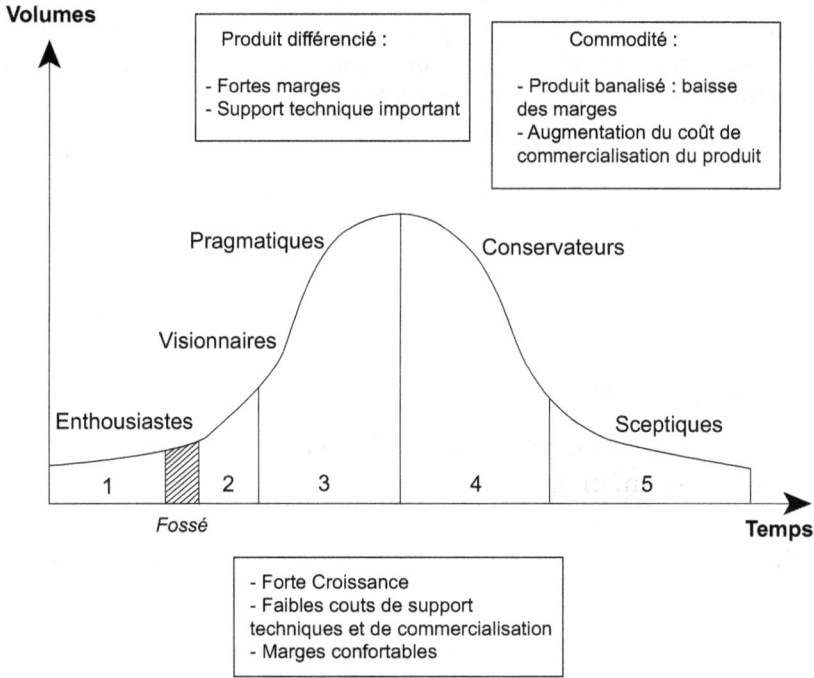

Figure 1.4. **Cycle de vie d'un produit – Commoditisation**

Enfin, le meilleur moyen de combattre le cycle de commoditisation reste d'innover régulièrement.

Le meilleur exemple est celui de la micro-informatique. Les constructeurs ont su régulièrement ajouter des dispositifs : écran plat, WiFi, lecteur-graveur de CD-ROM puis de DVD, Bluetooth, cadences de processeurs de plus en plus élevée, pour renouveler leurs gammes et créer des produits différentiés, pour rester ainsi en phase 3 aussi longtemps que possible.

L'innovation permanente n'est pas le domaine réservé des produits technologiques. Il s'applique également aux services et aux biens de consommation.

> Dans le domaine de l'agroalimentaire, le marché des yoghourts a été redynamisé par des nouveaux packagings inspirés de celui des boissons classiques. DANONE a pu ainsi cibler un public jeune avec un positionnement santé sous sa marque ACTIMEL.

Selon le domaine d'activité, le profil de la courbe du cycle de vie varie énormément. La durée de vie peut se réduire à 12 mois dans le cas des téléphones portables ou au contraire à plusieurs dizaines d'années pour des produits alimentaires et quelques années pour les logiciels. La courbe peut être très pointue pour les produits soumis à la mode et par contre très étalée pour les biens d'équipement.

Lorsque la décision est prise de lancer un développement de produit, l'estimation de la durée de chaque phase est aussi importante que les prévisions de volumes. La répartition du volume total prévu au cours de chacune des phases influence largement la profitabilité totale du produit.

En matière de trésorerie, les phases 1 et 2 sont des phases d'investissement sans revenu significatif, contrairement aux étapes 3 et 4. C'est au cours de ces deux dernières étapes que la profitabilité du projet se jouera. Il faut résister aux pressions sur les prix, maintenir une évolution du produit, développer un mode de commercialisation qui fera durer autant que possible la phase 3 et dégager ainsi les moyens financiers nécessaires pour la mise au point des produits suivants.

L'industrie automobile connaît des cycles de produit de l'ordre de 5 à 10 ans, ajoutés à un délai de développement de 2 à 3 ans. Des crises graves surviennent lorsque la durée de vie d'un modèle ne s'avère pas aussi longue que prévue.

Passer d'une phase à une autre est une opération particulièrement difficile. Les tentatives de « sauter » une étape se soldent en général par l'échec du produit, les fondations n'étant pas en place pour assurer la montée en puissance. Sentir la maturité du marché est fondamental, les entreprises *Market-driven* sont mieux préparées pour ce diagnostic que les *Technology-driven*.

Les problèmes de transition ont parfois une origine technique.

> @Home a été aux États-Unis un précurseur de la fourniture d'accès Internet rapide par câble. À l'époque, leur technologie était en compétition avec l'usage de technologies ADSL. Les premières installations se sont avérées complexes et ont donc demandé des ressources importantes. @Home espérait qu'en augmentant leur base de clientèle, ils seraient capables de réduire les coûts d'installation. L'infrastructure câblée s'est avérée incapable de tenir ces promesses. En parallèle, les coûts d'installation de l'Internet rapide via DSL ont baissé. Cette technologie s'est imposée auprès des pragmatistes puis des conservateurs.

Mais au fait qui est le client ?

Nous avons présenté différentes approches qui permettent de structurer un marché. Mais *in fine*, les segments regroupent des clients « en chair et en os ». Il nous reste donc à nous poser un certain nombre de questions complémentaires pour achever notre compréhension du « client ». Nous pourrons ensuite passer à la phase suivante : la structuration des ressources de commercialisation abordée au chapitre 2.

Demandez aux membres du comité de direction : qui est le client ?

Vous constaterez que la question n'est pas aussi triviale qu'on pourrait le penser. En effet, tout en servant le même marché, les différents départements sont en relation avec des personnes différentes chez « les clients ».

Le département logistique est en relation avec les destinataires de la livraison, en l'occurrence des grossistes, des revendeurs ou d'autres canaux de distribution. La confusion entre canaux externes et client utilisateur est fréquente, pourtant ce sont deux catégories d'interlocuteurs dont les intérêts et les attentes sont fondamentalement différents.

Le département développement se soucie de l'utilisateur final, le service commercial a comme principal interlocuteur la direction des achats. Le service financier réalise la facturation et s'assure du recouvrement auprès du département comptabilité. La direction commerciale est en relation avec les directions générales.

Des malentendus se manifestent souvent lors des réunions de direction qui rassemblent ces différentes fonctions, chacune ayant sa propre vision du « client ».

L'analyse des enquêtes de « satisfaction clients » conduit à de sérieuses divergences de résultats selon que l'on a utilisé le fichier facturation ou le fichier commercial pour expédier les questionnaires, selon que l'on contacte les partenaires commerciaux ou les clients utilisateurs.

De façon générale, moins on rencontre de clients, plus on en parle, mais sans les nommer. C'est pourquoi un bon réflexe de direction générale consiste à demander des noms dès que l'on évoque un client pour s'assurer de l'origine de l'information et de son contexte. Ce réflexe peut aussi décourager la tentation courante de prêter au client des opinions qu'il n'a jamais exprimées, pour donner plus de force à son propos.

Cette complexité ou multiplicité de contacts correspond au fait qu'il est indispensable de répondre aux questions suivantes :

- Qui utilise ?
- Qui achète ?
- Qui décide ?
- Où achète-t-il ?
- Où prend-il de l'information ?
- Qui va être livré, facturé ?

Prenons l'exemple des microcasques téléphoniques utilisés dans des centres d'appel :

- L'utilisateur est le téléacteur. Or de toute évidence, il ne procède pas lui-même à l'acquisition du casque. C'est le rôle du département achats. Mais son opinion et sa satisfaction sont prises en compte ;
- La décision concernant le modèle du casque : filtre antibruit ou non, monaural ou binaural, avec fil ou sans fil… est prise par un département technique en liaison avec le management des téléacteurs à l'issue d'essais comparatifs éventuels et en fonction des missions assumées qui supposent ou non, la mobilité du téléacteur ;
- Les informations sur les nouveaux produits, les démonstrations, la compatibilité avec les systèmes téléphoniques sont fournies au département technique par l'installateur téléphonique (rarement) ou par un vendeur spécialisé, lors de sa visite ou à l'occasion d'une campagne ;
- La livraison sera effectuée par un revendeur ou par l'installateur téléphonique ;
- La facturation et le recouvrement auprès du revendeur ;
- La maintenance et le dépannage par le revendeur en liaison avec le fabricant.

Toutes ces opérations contribuent à la décision banale d'acheter des casques pour des utilisateurs. Chacun des acteurs qui sont intervenus aux différents stades de la vente, est à un titre différent un client du fabricant.

La communication de l'entreprise se doit d'être définie, adaptée, ciblée pour chacun de ces acteurs et leur interaction bien comprise.

Au-delà de cet exemple volontairement simple, la compréhension des intervenants qui participent et influencent une décision d'achat peut être décrite sous le concept bien réel d'ÉCOSYSTÈME, schématisé à la figure 1.5 :

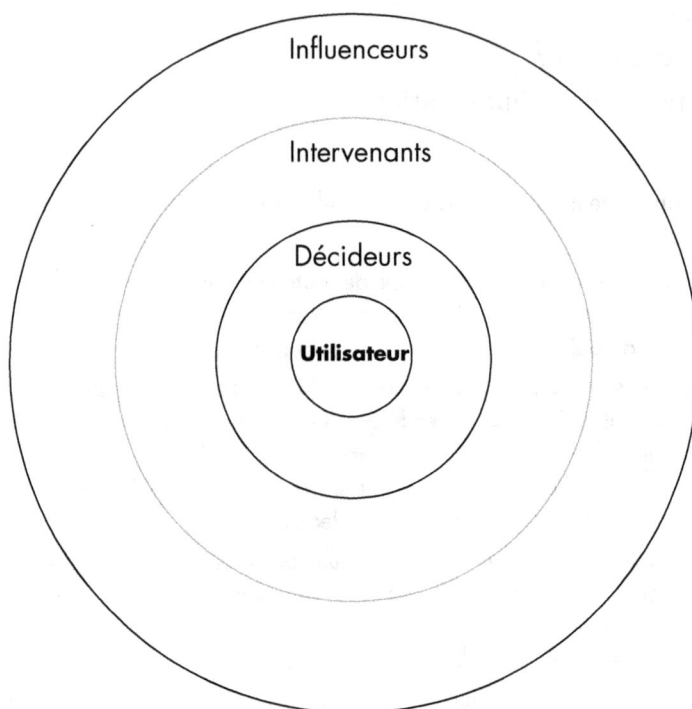

Figure 1.5. **L'écosystème (les 3 cercles)**

- au centre se trouve l'utilisateur
- le premier cercle contient les participants directs à la décision
- le deuxième cercle contient les intervenants extérieurs à l'entreprise
- le troisième cercle contient les influenceurs

Écosystème du centre d'appels

Restons sur l'exemple des microcasques. La représentation graphique de cet écosystème fait apparaître l'importance que représente la direction des ressources humaines présentes sur le premier cercle. Établir une communication avec ces décideurs est fondamental pour faire connaître les enjeux, les réglementations d'hygiène et de sécurité et les avancées en ergonomie.

Le mal au dos, première cause d'invalidité chez les moins de 45 ans, est devenu une préoccupation majeure au sein des entreprises. Ce thème est devenu le lieu commun des revues d'ergonomie et de « fitness », des congrès de DRH ou de médecine du travail.

Autant d'opportunités pour le fabricant de casques téléphoniques de sensibiliser un auditoire. L'effet nuisible du combiné téléphonique, bloqué sur l'épaule, est scientifiquement démontré et mesuré.

Dans le même esprit, et avec d'autres auditoires, on fait valoir l'importance pour le client de ne pas percevoir le brouhaha d'un centre d'appels. La fidélité du son de la voix contribue à créer une communication plus « confidentielle ». On ne vend pas un placement financier à un interlocuteur en lui donnant l'impression qu'on lui téléphone depuis un hall de gare...

Ces arguments sont à développer auprès de la direction, dans la presse ciblée ou lors d'événements professionnels. Ces médias joueront le rôle d'« influenceurs » pour une décision en faveur de l'équipement en microcasque pour les centres d'appels et aussi pour les bureaux. Le microcasque acquiert l'image d'un accessoire ergonomique indispensable pour tous les employés appelés à passer plus de 2 heures par jour au téléphone.

De plus en plus de sociétés ont maintenant intégré au kit individuel d'embauche : le badge, le PC, le téléphone portable muni de son oreillette… et le microcasque de bureau.

L'écosystème de l'utilisateur est alors couvert et la vente d'un banal accessoire de téléphone devient plus simple et plus facile.

La vente d'un logiciel applicatif est beaucoup plus complexe en raison des multiples intervenants qui interviennent dans la mise en œuvre :

- le constructeur du matériel,
- les différents fournisseurs de logiciel,
- l'intégrateur,
- le ou les revendeurs de produits,
- les formateurs,
- les installateurs,
- la fonction utilisatrice,
- la direction,
- les utilisateurs.

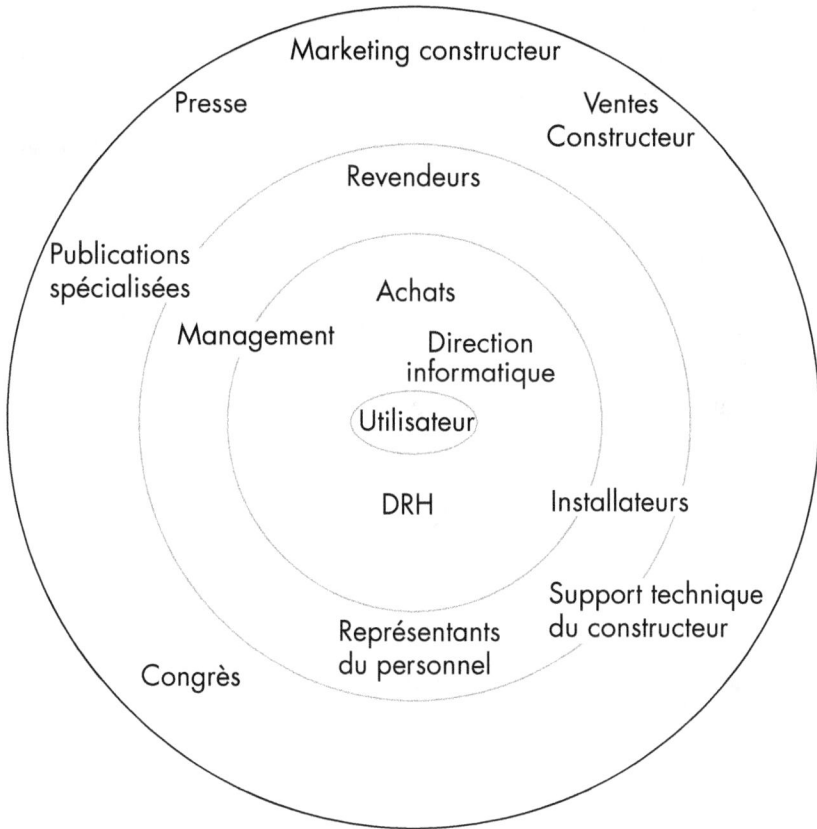

Figure 1.6. **L'écosystème du centre d'appels**

L'éditeur de logiciel doit traiter ces intervenants comme autant de « clients ». Ils font partie intégrante de l'écosystème. Le message doit être décliné sous des angles différents respectant les préoccupations de chaque catégorie :

- l'utilisateur veut une solution adaptée à son besoin,

- l'intégrateur souhaite une installation facile qui ne demande qu'un investissement technique minimum ainsi qu'un support technique rapidement accessible,

- les formateurs veulent la documentation et le support de cours le plus évolué possible,

- la presse est friande de références.

Le revendeur attend une marge maximum et l'absence de pression sur les prix. Cette démarche s'applique aussi bien à la vente aux entreprises qu'à la vente aux consommateurs. Dans les deux cas, il faut identifier tout une série d'acteurs qui vont intervenir aux différentes étapes d'un acte de vente. À nouveau, la personne qui va faire l'achat d'un bien ou d'un service n'est pas nécessairement la personne qui va l'utiliser.

L'écosystème : le complément de la segmentation

La cible du produit est bien un utilisateur, toutefois nous avons mis en évidence les multiples acteurs impliqués dans la décision d'achat : les « influenceurs », les intervenants, les décideurs et finalement l'utilisateur.

Chaque catégorie d'acteur regarde le produit sous un angle différent et se montre sensible à des aspects différents.

Les campagnes de communication vont orchestrer les messages pertinents pour les utilisateurs, décideurs, intervenants et influenceurs dans les médias qui leur correspondent.

Lorsqu'une entreprise cible des « enthousiastes » ou des « visionnaires », il faut moins jouer sur des arguments de prix que des arguments de « prestige ». De nombreux constructeurs de téléphones portables ou d'accessoires ont des lobbyistes qui travaillent à Hollywood pour que leurs produits nouveaux soient utilisés et visibles dans les films. Avec le développement de communautés sur Internet, il existe quelques « blogs » dont l'impact est devenu fondamental pour atteindre une petite communauté de purs et durs « enthousiastes ».

> Les producteurs des films JAMES BOND ont bien compris l'intérêt pour les produits technologiques de figurer dans le film parmi les accessoires du héros. La commercialisation de cette publicité (interdite à la télévision française), ajoutée aux droits de promotion par les fabricants lors de la sortie du film couvre une part significative des frais de production et constitue un excellent relais pour la promotion du film lui-même.
>
> Dans le secteur des Télécommunications, certains opérateurs sont à la fois une caution et une référence sur leur marché. L'adoption par ETISALAT dans les Émirats Arabes Unis de certaines technologies émergentes comme le 3G ou la visioconférence est une garantie que les autres opérateurs de la région suivront peu de temps après. ETISALAT est un point de passage obligatoire pour une percée commerciale au Moyen-Orient dans le domaine des télécommunications.

Les salons professionnels n'ont pas le même poids et le même rôle dans les différents pays d'Europe. En France et en Italie, on constate que les décideurs fréquentent de moins en moins ces manifestations, même si elles deviennent de plus en plus spécialisées. À l'inverse, en Angleterre et encore plus en Allemagne, il est tout à fait courant de clore un contrat important avec une certaine solennité à l'occasion d'un salon. Les annonces majeures ont lieu lors de ces événements.

Un plan de communication ne peut être le fait du hasard et de l'improvisation. Il est indispensable de travailler les messages destinés à chaque acteur de l'écosystème.

On recherche ensuite les meilleures occasions et les meilleurs supports pour délivrer chacun de ces messages. Nous reviendrons au chapitre suivant sur le management des plans de communication.

Conclusion

Au cours de ce chapitre, nous avons établi les fondations néces-saires à la construction du modèle commercial (traduction du concept anglo-saxon de « *Go to Market model* ») :

— Les couples « segment-produit » de l'entreprise sont bien cernés quant à leurs cibles respectives.

— Leur maturité sur la courbe de vie du produit est évaluée.

— La compréhension de l'écosystème qui environne l'utilisateur, permet de mettre en œuvre les ressources adéquates, en bonne synchronisation, pour délivrer les messages appropriés à chacun des acteurs, et pas seulement aux décideurs.

Ces préalables permettent d'augmenter considérablement la productivité des ressources consacrées à la « vente » proprement dite. Le retour des opérations de génération de la demande est considérablement amélioré :

— Grâce à la segmentation de ses activités majeures, la culture de l'entreprise évolue vers une recherche de « l'amélioration permanente ». Les départements partagent un objectif commun et mieux compris.

— Les ventes comprennent mieux le marketing qui comprend mieux la distribution qui comprend mieux la production... Les problèmes ne sont plus seulement chez les « autres qui n'ont rien compris ».

— L'entreprise s'est ouverte sur l'extérieur et développe sa culture « *Market-driven* ».

Ce panorama idyllique a la vertu de fixer un cheminement straté-gique pour l'équipe de direction. Mais il reste à passer aux actes.

**L'objectif du chapitre suivant consiste à proposer
une méthode simple et éprouvée pour établir les plans
d'action, les mesurer et concrétiser le modèle commercial.**

Chapitre 2

La route vers le client

Nous proposons au cours de ce chapitre d'aborder la notion de route et l'analyse de l'existant.

En référence au chapitre précédent, nous disposons à ce stade de couples « produit-segment ». C'est-à-dire d'un produit défini, testé, dont les segments de marché sont identifiés et le revenu prévisionnel établi.

L'écosystème de l'utilisateur est bien cerné et nous connaissons le degré de maturité du produit sur sa courbe de vie. Il faut maintenant passer à l'action, identifier et déployer les ressources de commercialisation.

La direction générale dispose de prévisions de revenu, étalées dans le temps, établies par l'équipe produit. Il faut déterminer le budget consenti à la commercialisation et arbitrer entre les différents types de dépenses : la publicité, le marketing, les ventes directes ou indirectes sont autant de leviers disponibles et prêts à se développer.

Par expérience, les départements estiment que leur budget et leurs ressources sont toujours insuffisants. Chaque fonction, convaincue de son efficacité (sur la base de quelle mesure ?) prône un redéploiement en sa faveur. Il est vrai qu'en théorie, plus on dépense, plus on fait croître le chiffre d'affaires. Mais le retour constaté n'augmente pas de manière linéaire avec la dépense, et le budget total n'échappe pas aux contraintes de rentabilité.

L'absence de méthode intégrée prenant en compte tous les aspects de la commercialisation conduit souvent les entreprises à débattre, lors des comités de direction du lundi matin, sur des sujets récurrents.

- Considérant le manque de performance d'un produit, chaque fonction ayant justifié sa bonne exécution et sa propre efficacité, la solution politiquement correcte prend vite le chemin du renforcement des ressources. Oui mais lesquelles ?

- Est-ce le niveau des ressources qui est en cause ou la bonne synchronisation des actions ?

- Faut-il augmenter le budget consacré à la publicité au détriment des demandes du marketing direct dont le directeur veut augmenter les effectifs ?

- Avons-nous une bonne motivation des partenaires commerciaux et devons-nous lancer une nouvelle promotion ?

- Comment ne pas partager la perplexité du directeur général face à toutes ces suggestions ? S'il lui est possible de modifier des budgets, il faut également savoir quels sont les départements qui devraient en bénéficier et dans quelle mesure ?

Il existe de nombreuses méthodes (et une littérature abondante) pour définir et optimiser les méthodes de production. Il est vrai que ce domaine d'activité bénéficie d'une grande quantité de données puisque la comptabilité analytique permet des mesures très précises des coûts de production.

Ce n'est pas le cas pour les dépenses de commercialisation : les dépenses totales sont connues, généralement par fonction, mais leur ventilation par produits ou ligne de produits, par segment de marché et mode de commercialisation est plus rare. L'enjeu est d'importance puisque ces postes représentent usuellement de l'ordre de 10 à 20 % du revenu, ce qui est souvent un montant supérieur au profit de l'entreprise.

Une analyse a posteriori des dépenses, issue de la comptabilité analytique, fournit des éléments de diagnostic. C'est un effort louable qui peut être assimilé au pilotage d'une voiture en regardant dans le rétroviseur. L'établissement d'un plan de commercialisation, intégré au processus budgétaire, est indispensable à la recherche d'une meilleure répartition des ressources consacrées à la commercialisation. Il est rare que le plan de commercialisation fasse l'objet de planification et d'optimisation en tant que processus de l'entreprise, intégrant toutes les fonctions concernées.

La « méthode des routes » que nous allons présenter, permet de prévoir, coordonner et mesurer les actions de toutes les fonctions impliquées dans la commercialisation.

Nous allons au cours de ce chapitre :

- structurer le cycle de vente pour mieux cerner les différentes étapes ;
- analyser l'existant et déterminer le profil du modèle commercial en place dans l'entreprise.

1. La notion de route

> **Qu'entendons-nous par route ?**
> Il s'agit de la combinaison particulière des ressources
> nécessaires à la réalisation du cycle de vente,
> structuré en étapes distinctes, de la génération
> de la demande au support client.
> La méthode des routes, objet de cet ouvrage, permet de
> définir qualitativement puis quantitativement les ressources
> pertinentes pour chaque étape du cycle de vente et de les
> faire intervenir avec le maximum d'efficacité.

Le cycle de vente : les 5 étapes – un principe fondateur

De manière simpliste, on assimile souvent la vente à la seule étape finale de la conclusion d'un acte d'achat. C'est un raccourci qui ignore toutes les actions qui sont intervenues avec succès pour en arriver à la décision finale de l'acheteur.

Le cycle de vente reprend et structure les étapes qui conduisent à la conclusion de la vente et les prolongent par les actions de livraison et de suivi du client.

Quel que soit le produit ou le service vendu, destiné à des consommateurs ou à des entreprises, **le cycle de vente est identique et consiste en cinq étapes distinctes.**

1. *Générer la demande :* l'objectif de cette phase est d'informer la cible et de susciter de la curiosité pour une offre.

2. *Qualifier des retours :* un client potentiel a manifesté de l'intérêt à la suite des actions de génération de la demande, la

qualification d'un retour permet de valider et renforcer la réelle volonté d'achat.

3. *Conclure la vente* : elle se matérialise par une commande ou un achat dans un point de vente.

4. *Livrer le client* : la commande est enregistrée, le client reçoit et installe le produit commandé.

5. *Suivre le client* : le client bénéficie de l'assistance pour la mise en œuvre, la garantie et la maintenance des produits.

Nous insistons sur cette structure simple en cinq étapes car elle a fait ses preuves. Des variantes ont été essayées avec un plus grand nombre d'étapes ou avec des structures différentes. Elles se sont avérées trop compliquées, trop difficiles à communiquer, trop difficiles à appréhender ou à mesurer.

Ce ne sont pas les mêmes ressources qui vont intervenir à chaque étape.

• Une publicité dans un journal ou la participation d'une entreprise à un salon professionnel servent à faire connaître une offre, ce sont des ressources pour « générer de la demande ».

• « Qualifier un retour » peut être effectué par un consultant de haut niveau ou tout simplement assuré par un vendeur de grande surface ou un téléacteur dans un centre d'appels téléphoniques.

• « Conclure la vente » peut être une opération effectuée sur Internet ou auprès d'un partenaire extérieur.

• « Livrer le client » est une opération effectuée par une logistique interne, des entreprises spécialisées ou par des canaux de distribution.

• « Suivre le client » peut être réalisé par un centre d'appels.

Toutes ces ressources sont bien distinctes et ne vont intervenir qu'à certaines étapes du cycle de vente.

À titre d'exemple le tableau suivant décrit une route simple, reposant sur une prise de commande par Internet, à l'issue d'une campagne de communication auprès des dirigeants d'entreprises moyennes. C'est le modèle de base pratiqué par DELL pour vendre des PC aux Petites et Moyennes Entreprises sans inclure de revendeur ni de distributeur dans le cycle de vente.

	Générer la demande	Qualifier les retours	Conclure la vente	Livrer le client	Suivre le client
Résumé de la route	– Publicité – Mailings – Catalogues	– Centre d'appels	– Internet – Centre d'appels	– Logisticiens	– Centre d'appels

> **Le choix des acteurs pertinents et leur enchaînement au long du cycle de vente constituent ce que nous avons dénommé une « ROUTE ».**

L'efficacité et donc la rentabilité de la route dépendent de la bonne performance et de la bonne synchronisation des acteurs. La pertinence du choix des ressources est propre à chaque couple « produit-segment ».

Un peu de recul

Cette notion de route hybride est assez récente. Le modèle classique de commercialisation a longtemps reposé sur une force de vente s'adressant aux clients importants (vente directe), ou à des revendeurs pour les autres clients (vente indirecte).

Le représentant ou le commercial de la firme avait toute latitude sur un territoire convenu pour identifier des prospects, les convaincre, prendre la commande et la transmettre au service administratif pour assurer la livraison et la facturation.

	Générer la demande	Qualifier les retours	Conclure la vente	Livrer le client	Suivre le client
Résumé de la route	– Ingénieur commercial – Salons	– Ingénieur commercial	– Ingénieur commercial	– Service administratif	– Ingénieur commercial – Service maintenance

Ce modèle a souvent été utilisé pour la couverture de grands comptes. Lorsque les entreprises ont cherché à étendre leur couverture commerciale à de plus petites entités, elles ont constaté que le montant moyen des commandes était moins élevé et qu'il fallait donc rendre les commerciaux plus productifs en les déchargeant de tâches administratives. C'est pourquoi on a créé des postes d'assistantes commerciales chargées de contacter des clients par téléphone. Si ces assistantes ont, dans un premier temps, uniquement pris des rendez-vous pour les ingénieurs commerciaux, elles ont rapidement été capables de valider si un contact était réellement intéressé et donc de prendre un rendez-vous uniquement dans le cas où la visite d'un ingénieur commercial serait réellement utile.

	Générer la demande	Qualifier les retours	Conclure la vente	Livrer le client	Suivre le client
Résumé de la route	– Assistante commerciale – Ingénieur commercial	– Assistante commerciale	– Ingénieur commercial	– Service administratif	– Ingénieur commercial – Service maintenance

L'étape suivante consiste à ne pas se limiter à des appels sortants mais à lancer des campagnes de communication sous forme de publicité ou d'opérations de marketing direct, afin d'inciter les prospects intéressés à entrer en contact téléphonique avec le centre d'appels, de leur propre initiative. Ce sont des appels entrants.

	Générer la demande	Qualifier les retours	Conclure la vente	Livrer le client	Suivre le client
Résumé de la route	– Campagnes de marketing direct	– Centre d'appels	– Ingénieur commercial	– Service administratif	– Ingénieur commercial – Service maintenance

Identifier et employer des ressources commerciales appropriées permet de couvrir des marchés de plus en plus vastes tout en contrôlant les dépenses de commercialisation.

Chacune de ces ressources a des coûts unitaires différents. Ainsi, une visite commerciale de haut niveau en face-à-face chez un client coûte entre 200 et 400 €, alors qu'une discussion téléphonique avec un télévendeur coûte dix fois moins, c'est-à-dire 20 à 40 €.

Il en est de même pour les opérations de « génération de demande » : il faut dépenser 5 € par contact pour une campagne de marketing direct et de 15 à 20 € pour qualifier un prospect qui contacte de lui-même un Centre d'appels (appel entrant). Des moteurs de recherche comme GOOGLE ou YAHOO permettent de générer des annonces dites contextuelles pour des montants d'environ 0,25 € à quelques euros par clic selon les produits et le budget des annonceurs.

Si nous reprenons l'exemple de la visite en face à face, on peut estimer qu'il faut réaliser cinq visites pour identifier un client réellement intéressé et un client intéressé sur cinq passera une commande. Si une visite commerciale coûte 400 €, le contact qualifié coûtera donc 2 000 € et une commande 10 000 €.

Utiliser un commercial de haut niveau dans une route ne se justifiera que si le montant de la commande et les marges dégagées le permettent.

Prenons maintenant le cas d'un achat de 100 000 contacts à 0,25 € via Google. En supposant qu'il y ait 2 % de succès, nous obtiendrons 2 000 retours pour 25 000 €, soit un coût du retour non qualifié de 12,50 €. Dans ce cas précis, nous entendons par retour le fait qu'en réponse à une annonce, le client manifeste son intérêt en laissant ses coordonnées pour un suivi ultérieur.

S'il faut dépenser 10 € pour qualifier le retour et si le taux de qualification des retours clients est de 10 %, le coût du retour qualifié sera donc à 112,50 €. Enfin, si le taux de conversion de retours en commande est de 30 %, le coût d'une commande comprenant génération de la demande, qualification des retours et conclusion de la vente s'élèvera à 337,50 €.

Il faut tenir compte de la capacité disponible pour chaque ressource. Ainsi un commercial peut réaliser en moyenne 3 visites par jour, un téléacteur peut passer de 10 à 15 appels significatifs sur la même période. Il faut donc prendre la précaution de dimensionner les ressources en fonction des volumes attendus.

C'est un des rôles fondamentaux du marketing client de fournir ce type d'information au service commercial pour permettre de dimensionner les ressources de la route à chacune des étapes du cycle de vente.

> IBM avait lancé en 1989 le PS/1, un ordinateur personnel destiné au grand public, par une série de publicité à la télévision. Utiliser ce média était une première pour IBM qui ne disposait pas d'historique pour évaluer l'impact d'une publicité produit à la télévision. La demande s'est avérée plus importante que prévue ce qui a conduit des milliers de prospects dans des grandes surfaces en rupture de stocks.

Il faut également réaliser que toutes ces ressources ne sont pas substituables. Ce n'est pas parce que la prise de commande par un téléacteur dans un Centre d'appels coûte 20 fois moins qu'une visite commerciale qu'il sera possible de ne plus effectuer de visite face à face et de se limiter exclusivement à des relations téléphoniques. Certains produits sont trop complexes pour que l'ensemble du cycle de vente puisse se faire sans intervention en face-à-face, en particulier dans les services.

> Encouragés par le succès des PC mobiles connus sous la marque THINKPAD, IBM avait lancé dans les années quatre-vingt-dix un portable sous UNIX. Le même système d'exploitation équipait les stations de travail utilisées par les ingénieurs pour des calculs scientifiques ou des programmes de simulation. La marge attendue sur ce produit était faible. IBM a essayé de confier la commercialisation de ce portable à des téléacteurs chargés de contacter une clientèle ciblée, composée de bureaux d'études. Cette opération n'a pas réussi car la complexité du produit exigeait une démonstration et l'intervention d'un spécialiste d'UNIX.

Aux États-Unis, des sondages ont mis en évidence la méfiance des clients face aux vendeurs de voitures. Se déplacer chez un concessionnaire pour choisir un véhicule n'est pas vécu comme une expérience agréable. Les principaux constructeurs comme FORD ou GENERAL MOTORS ont donc créé des halls d'exposition uniquement consacrés à informer les clients. Ceux-ci sont accueillis par des « conseillers » à l'écoute de leurs besoins et leur font essayer des véhicules. À l'issue de l'entretien, ils communiquent aux visiteurs une liste de revendeurs susceptibles de prendre la commande et d'assurer la livraison.

En distinguant les acteurs qui interviennent pour les phases de qualification et de prise de commande, FORD et GENERAL MOTORS ont réussi à rétablir un sentiment de confiance indispensable pour leurs clients.

	Générer la demande	Qualifier les retours	Conclure la vente	Livrer le client	Suivre le client
Résumé de la route	– Publicité	– Halls d'explosition constructeurs	– Revendeur	– Revendeur	– Constructeur

DELL a réalisé que son modèle de vente par téléphone ou par Internet présente des limitations et ne convient pas aussi bien aux nouveaux produits lancés par le constructeur : écrans plats d'ordinateur ou de télévision et assistants personnels. Il s'agit de produits que le consommateur souhaite voir et toucher avant d'acheter. DELL a mis en place depuis une dizaine d'années aux États-Unis 160 kiosques dans des grandes surfaces permettant de choisir et de commander les produits. DELL prépare également l'ouverture de deux grandes surfaces spécialisées.

	Générer la demande	Qualifier les retours	Conclure la vente	Livrer le client	Suivre le client
Résumé de la route	– Publicité	– Boutique spécialisée	– Boutique spécialisée	– Service logistique	– Centre d'appels

L'implication de commerciaux traditionnels est nécessaire avec des clients qui justifient un suivi de projet. Le montant du chiffre d'affaires réalisé avec une entreprise petite ou moyenne ne rentabilise pas un suivi commercial permanent. Le vendeur se déplace si nécessaire, à l'issue d'un entretien téléphonique avec un télévendeur. Cette route classique peut se représenter comme suit :

	Générer la demande	Qualifier les retours	Conclure la vente	Livrer le client	Suivre le client
Résumé de la route	– Campagnes de marketing direct	– Centre d'appels	– Ingénieur commercial	– Service administratif	– Ingénieur commercial – Service maintenance

Ventes indirectes

Le marché des PME exige la proximité et la disponibilité de ressources susceptibles de fournir des applications et des solutions clés en main. Le recours à des revendeurs permet d'assurer cette démultiplication. Ils sont eux-mêmes nombreux, plusieurs centaines au niveau national. On recourt alors à des grossistes qui assurent la logistique et, dans certains cas, le recrutement et la formation des revendeurs.

	Générer la demande	Qualifier les retours	Conclure la vente	Livrer le client	Suivre le client
Résumé de la route	– Campagnes de marketing direct	– Revendeur	– Revendeur	– Revendeur – Grossiste	– Centre d'appels

Les combinaisons sont multiples et le coût de la route varie du simple au triple. Il peut être tentant de choisir, une fois pour toutes, la « route » la moins coûteuse.

La complexité des couples « segment-produit » et l'écosystème de l'utilisateur imposent cependant le recours à des acteurs différents. La maturité du produit au long du cycle de vie conduit également à une évolution continue de la « route ». Optimiser le coût de la « route » n'est pas le seul critère pour couvrir le marché et assurer la croissance du revenu.

> **Nous reviendrons au chapitre 4 sur la prise en compte des critères les plus structurants pour dessiner une route optimisée tant sur le plan qualitatif que financier.**

2. L'analyse de l'existant

Même si une entreprise n'a pas mis en place la méthode des routes, elle exerce cependant une activité commerciale. Elle déploie donc des routes implicites.

En pratique, il est possible de façon simple et rapide d'évaluer le modèle commercial de l'entreprise en reconstituant a priori les dépenses liées à chaque étape de la route.

Prenons les postes budgétaires classiques du compte d'exploitation. Les dépenses correspondant au développement des produits, les coûts de fabrication, la finance, les services généraux, les locaux… ne sont pas spécifiques à un couple « produit – segment ». Nous ne les prendrons pas en compte pour cette analyse.

Nous ne retiendrons que les dépenses ayant trait à la commercialisation et au suivi des clients, dans la mesure où nous pouvons les ventiler par produit ou famille de produits.

À ce stade, la précision comptable est inutile. Une évaluation est suffisante et fera l'objet d'un approfondissement uniquement pour les éléments critiques à la qualification du modèle commercial.

Dans une première approche de l'analyse de l'existant, nous nous limiterons à des routes segmentées par produits. Dans un deuxième temps, si les données sont disponibles, nous effectuerons une ventilation par segments afin de respecter les couples « produit-segment ».

Budget marketing et communication

Le coût des campagnes, les salons, la publicité produit sont affectés à l'étape « génération de la demande », après ventilation par produit.

En revanche, la publicité institutionnelle, les salons sans procédure de suivi des contacts, les relations publiques… qui servent à la promotion de l'image générale de l'entreprise n'entrent pas dans le chiffrage des routes. Ces dépenses constituent des frais fixes de commercialisation qui ne servent pas spécifiquement un couple produit-segment. Le ratio des frais fixes de commercialisation par rapport au coût total des routes constitue une bonne indication de l'équilibre entre les ressources directes et les ressources consacrées au développement de son image et de sa notoriété. Un ratio de 20 à 30 % représente le seuil maximum au-delà duquel il y a un risque de perte d'efficacité.

Le budget de marketing du département en charge des canaux de distribution, les supports de vente destinés aux partenaires sont à imputer à l'étape « conclure la vente » après ventilation par produit.

Budget forces de ventes

Il s'agit du coût de la force de vente et d'avant vente, frais d'encadrement inclus, soit l'ensemble de la structure commerciale.

Un simple sondage auprès des commerciaux permet d'identifier la répartition du temps passé par activité et par famille de produits :

- la recherche de prospects est une activité de génération de demande au sens des routes,

- la prise de contact au téléphone ou en face à face est une activité de « qualification des retours »,

- les activités conduisant à la signature du contrat : démonstrations, visites, repas d'affaire… sont à imputer à la « conclusion de la vente »,

- les activités de réponse aux clients concernant la garantie, le support technique, les relations administratives… sont imputées à l'étape « suivi du client ».

Connaissant le coût total de la force de vente et la répartition en pourcentage du temps passé par produit et par activité, on peut déduire, en première approximation, la contribution de la force de vente à chaque étape de la route.

Les ressources commerciales dédiées aux canaux doivent être imputées également à l'étape « conclusion de la vente », après ventilation par produit. Les activités de formation, animation, convention… suivent la même règle.

Si la ventilation par produit n'est pas possible, ces dépenses rejoindront la catégorie dépenses institutionnelles qui n'entre pas dans l'exercice des routes.

Le budget de co-marketing avec les partenaires commerciaux, toujours après ventilation par produit est attribué à l'étape

« génération de la demande », à condition que les règles élémentaires d'une campagne soient observées : suivi des retours et mesure des conclusions de ventes.

Budget centre d'appels

Ce département dispose généralement d'une profusion de statistiques ce qui simplifie d'autant l'analyse. Les coûts doivent inclure les frais de fonctionnement : les coûts de personnel, l'encadrement, le management des campagnes, les coûts d'infrastructure et de télécommunication.

Toujours en nous limitant à une ventilation par produit, on répartit les activités au titre des étapes de la route de la manière suivante :

- la gestion de la base de données client est à imputer à la « génération de demande », ainsi que les campagnes et les appels sortants de prospection,

- la prise en compte des retours, leur qualification par téléphone, courrier ou Internet rejoint les dépenses de « qualification des retours »,

- la télévente est comptabilisée dans « conclure la vente »,

- la prise d'appels clients, non sollicités, quelle que soit leur nature, y compris les supports techniques utilisateurs ou revendeurs, est imputée à l'étape « suivi du client », après ventilation par produit.

Budget administratif

Nous retiendrons toutes les activités, liées à la prise de commande, la livraison, la logistique, le stockage, la facturation et le recouvrement pour cerner l'étape « livraison ». Les services

© Groupe Eyrolles

généraux, les locaux, même ceux de la logistique, tous les frais fixes en général, ne sont pas intégrés.

Récapitulatif

Générer la demande	Qualifier les retours	Conclure la vente	Livrer le client	Suivre le client
– Campagnes de marketing direct – Salons professionnels – Temps passé par les différentes équipes sur des opérations de génération de demandes – Salons professionnels – Budget de co-marketing	– Ressources du centre d'appels affectées à la qualification des retours – Temps passé par les différentes équipes sur des opérations de qualification des retours	– Temps passé par les différentes équipes sur des opérations de conclusion de la vente – Ressources consacrées aux canaux externes	– Ressources consacrées à la gestion des commandes, la livraison, la logistique et le recouvrement des créances	– Ressources affectées au suivi des clients – Temps passé par les ressources techniques sur des opérations de suivi de client non facturé

Le ratio dépense directe sur revenu : une qualification du modèle commercial

Par produit ou famille de produits, nous disposons d'un chiffrage pour chacune des étapes du cycle de vente. Le total des étapes rapporté au revenu du produit ou de la famille du produit donne une indication du ratio dépense de commercialisation sur revenu.

Un ratio dépense directes de commercialisation sur revenu inférieur à 5 % est exceptionnel pour un fabricant, c'est un ratio de grossiste ou de revendeur à forte composante logistique, à peu de valeur ajoutée et en particulier peu de génération de demande.

Un ratio de 5 à 10 % est caractéristique des produits en phase 4 et 5 lorsque celui-ci est devenu une commodité. Le produit est connu donc la génération de demande est usuellement une activité très productive. Enfin, les étapes du cycle de vente utilisent les canaux externes, et en particulier des structures de distribution à deux niveaux.

Un ratio de 10 à 15 % se rencontre couramment pour un produit en phase 3. Les volumes sont déjà établis, les canaux sont en place, la marge permet encore des actions de génération de demande importantes pour tenir les concurrents à distance.

Au-delà de 15 %, nous sommes en phase 1 et 2, en cours de lancement de produit. C'est une phase d'investissement commercial.

Le profil de la route

Nous connaissons maintenant le coût total de la route et sa répartition par étape. On peut recenser quelques profils types de route pour des produits technologiques (PC, écrans plats…).

Route A : Forte génération de demande

— Produit en phase 2

— Volumes : 40 000 unités

— Revenu : 50 M€

— Total des dépenses : 12,5 M€

— Ratio dépenses sur revenu : 25 %

	Générer la demande	Qualifier les retours	Conclure la vente	Livrer le client	Suivre le client
Route A	20 % 2,5 M€	12 % 1,5 M€	16 % 2 M€	32 % 4 M€	20 % 2,5 M€

Route B : Conquête de marché

— Produit en phase 3

— Volumes : 100 000 unités

— Revenu : 100 M€

— Ratio dépenses sur revenu : 20 %

— Total des dépenses : 20 M€

	Générer la demande	Qualifier les retours	Conclure la vente	Livrer le client	Suivre le client
Route B	23 % 4,6 M€	12 % 2,4 M€	20 % 4 M€	25 % 5 M€	20 % 4 M€

Route C : Faible marge et grands volumes

— Produit en phase 4

— Volume : 130 000 unités

— Revenu : 100 M€

— Ratio dépenses sur revenu : 15 %

— Total des dépenses : 15 M€

	Générer la demande	Qualifier les retours	Conclure la vente	Livrer le client	Suivre le client
Route C	22 % 3,3 M€	5 % 0,75 M€	28 % 4,2 M€	25 % 3,75 M€	20 % 3 M€

Récapitulatif de ces exemples

	Route A	Route B	Route C
Volumes	40 000	100 000	130 000
Revenu en M d'€	50	100	100
Total des dépenses	12,5	20	15

Dépenses totales en M d'€

	Route A	Route B	Route C
Générer la demande	2,5	4,6	3,3
Qualifier les retours	1,5	2,4	0,75
Conclure la vente	2	4	4,2
Livrer le client	4	5	3,75
Suivre le client	2,5	4	3
Total	12,5	20	15

Dépenses Unitaires en €

	Route A	Route B	Route C
Générer la demande	62,5	46	25,4
Qualifier les retours	37,5	24	5,8
Conclure la vente	50	40	32,3
Livrer le client	100	50	28,8
Suivre le client	62,5	40	23,1

	Route A	Route B	Route C
Ratio Qualification des retours/ Génération de demande	60 %	52 %	23 %
Prix unitaire moyen du produit	1 250 €	1 000 €	769 €

Quelques commentaires sur ces exemples

À chaque industrie correspond un modèle commercial spécifique. La maturité des produits et les segments de marché cibles interdisent la définition d'une route optimale unique. Toutefois quelques règles de cohérence permettent de s'interroger sur la validité du modèle commercial révélé par l'analyse de l'existant :

- Toutes les routes doivent avoir un bon équilibre entre génération de demande et qualification des retours pour obtenir une bonne efficacité des campagnes. Avec l'évolution de la notoriété et de l'acceptation du produit, la qualification des retours devient plus facile. La génération de demande fournit des retours plus nombreux et de meilleure qualité. Il faut moins de dépenses de qualification par rapport aux dépenses de génération de demande. C'est ce que nous voyons dans notre exemple puisque ce ratio passe de 60 % à 52 % puis 23 %.

- Le ratio dépense de commercialisation sur revenu diminue avec la montée en puissance du revenu. Dans notre exemple, le ratio est passé de 25 %, puis 20 % puis à 15 %.

- Le montant des dépenses baisse en valeur absolue en phase 4, de 20 M€ à 15 M€, quand le produit devient une commodité et que les prix moyens baissent. Cette réduction de dépenses permet de maintenir la marge nette.

- Les dépenses de livraison n'augmentent pas autant que les volumes. Dans nos exemples, le coût de livraison unitaire baisse de 100 à 50 puis 28,80 €.

- Les dépenses de conclusion de la vente augmentent moins vite que les volumes, donc le canal de distribution gagne en efficacité. À nouveau, les coûts unitaires de conclusion passent de 50 à 40 puis 32,20 €.

- Enfin, avec la stabilisation du produit, le coût unitaire du suivi des clients diminue alors que les volumes augmentent.

Nous allons maintenant aborder la phase de planification proprement dite au cours du chapitre suivant.

Chapitre 3

LA ROUTE, SES ÉTAPES ET LES INTERVENANTS

Pour chacune des cinq étapes du cycle de vente, nous allons décrire les ressources les mieux adaptées afin d'obtenir la route la plus efficace pour mener au client. Notre objectif dans ce chapitre est de présenter ces acteurs dans une optique de route tout en restant le plus pratique possible. Nous ferons également une série de recommandations sur le coût des étapes de la route.

Il y a deux règles de base qui s'imposent pour la construction d'une route.

1. *Il faut bien connaître la motivation, le modèle commercial et les compétences réelles des ressources internes ou externes dont on attend la contribution.*

Il est inutile d'attendre de la télévente active de la part d'un centre d'appels spécialisé dans la prise d'appels entrants, ou de demander à des publicitaires de concevoir une campagne de marketing direct. La création d'une publicité de marque n'a pas grand-chose en commun avec la génération de la demande pour un produit. Un réseau de revendeurs, quoi qu'il en dise, ne participe pas à la génération de la demande, quelle que soit la marge laissée par le produit.

2. *L'efficacité d'une route se mesure non seulement au chiffre d'affaires généré mais également à la performance de chaque étape les unes par rapport aux autres.*

Le succès d'une campagne se mesure au nombre de retours, mais aussi au nombre de retours qualifiés et finalement au nombre de ventes conclues.

Si une seule de ces mesures est absente, la campagne risque de perdre de son efficacité :

— Il peut ainsi y avoir beaucoup de retours et un taux de qualification faible, ce qui dénote une bonne accroche mais une mauvaise compréhension de l'offre. Les clients potentiels sont déçus et le coût de qualification est élevé. Pourtant le créatif de la campagne, qui mesure son succès en nombre de retours est ravi.

— Un volume de ventes faible par rapport à la quantité de retours qualifiés est caractéristique d'une mauvaise qualification. Cela n'empêchera pas le centre d'appels en charge de cette qualification d'être fier d'un taux artificiellement élevé des retours clients.

— Les reprises de produits après livraison et le suivi du niveau de satisfaction des clients permettent de vérifier si les attentes créées chez les clients par la campagne sont satisfaites. À produit égal, la satisfaction sera plus faible si les performances et les fonctions ont été surévaluées aux yeux de l'utilisateur.

Pour chaque étape du cycle de vente, nous avons relevé quelques situations concrètes illustrant la mise en œuvre des règles précédentes.

© Groupe Eyrolles

1. Générer la demande

L'objectif essentiel de cette étape est de susciter de l'intérêt et de la curiosité auprès de personnes « contactées » pour qu'elles formulent une demande de renseignement complémentaire en vue d'un achat.

Les mesures de cette étape sont :

- le nombre de personnes « contactées »,
- le coût moyen du contact,
- le nombre de retours ainsi que leur coût moyen.

Ce dernier point est important car il exclut de cette étape les activités de publicité institutionnelle, les relations publiques, les relations avec les investisseurs, les activités de mécénat… Toutes ces activités renforcent l'image de l'entreprise. Elles constituent une base commune à tous les produits, qui n'entre pas dans l'optimisation de la route. Par contre, plus l'image de l'entreprise est forte, plus la rentabilité des actions prévues sur la Route sera élevée.

Les retours d'une campagne de MICROSOFT sont plus élevés, à campagne égale et produit équivalent que pour un éditeur peu connu. Lors du lancement de WINDOWS XP aux États-Unis, 9 % des personnes qui faisaient la queue depuis plusieurs heures devant les vitrines des revendeurs ignoraient qu'un PC était nécessaire pour utiliser le produit.

La contribution des agences de communication

Les agences de communication sont les ressources clés des actions de génération de la demande. Dans notre logique de route, nous parlerons de génération de « retours ». Il s'agit de suciter suffisamment d'intérêt pour un produit ou une offre pour que le client demande plus d'informations.

Leur contribution peut se limiter à la conception d'une campagne pour un « couple segment-produit » et s'étendre à plusieurs marchés, plusieurs produits voire à l'ensemble du budget de communication de l'entreprise.

Il faut savoir gérer avec rigueur les relations avec son agence de communication : quel que soit le montant du budget disponible, ces agences montreront autant de créativité que dans leurs campagnes pour le dépenser dans sa totalité, c'est leur métier.

Des relations saines et productives avec les agences doivent plutôt s'établir, selon une logique de route, sur le nombre de retours attendus, leur coût moyen et leur taux de conversion en retours qualifiés. Il est encore très rare que des agences acceptent d'être rémunérées en fonction des résultats, démontrant alors un véritable partenariat.

Il faut également prendre soin de travailler de préférence avec des agences qui connaissent votre domaine. C'est particulièrement important pour des campagnes à budget modeste typiquement de moins de cent mille euros. Il arrive assez souvent que des agences ne respectent pas suffisamment cette règle. Pourtant l'expertise pour la vente de biens d'équipement industriel n'est pas très utile pour la conception d'une campagne pour des produits de luxe ou de grande consommation. Peu d'agences reconnaissent leurs limites, surtout quand les affaires sont difficiles. Une question simple et révélatrice consiste à demander qui sont les personnes de la cible qui ont été interrogées pour valider les attentes et les messages de la campagne. Même dans les grandes agences, vous serez surpris du nombre de réponses embarrassées formulées par votre interlocuteur.

Une campagne « créative », séduisante peut être décidée en raison de son prix « abordable », compatible avec le budget alors que le coût total de la route est à ce stade souvent ignoré, voire inconnu. Une campagne onéreuse peut générer un grand nombre de retours, donc un prix par retour faible. Si, en plus, ces retours sont de bonne qualité, le coût de l'étape de qualification et de conclusion sera minimum. La route, prise dans son ensemble, s'avère très attractive et très rentable.

Les agences de communication avec qui nous avons travaillé, proposaient des campagnes, mais ne considéraient jamais l'ensemble de la route. Investir dans la génération de retours sans évaluer les moyens et les coûts de qualification et de transformation est un non-sens couramment pratiqué.

Le lancement des campagnes « se passe toujours bien » et les anecdotes sont toutes encourageantes. Les bilans sont en général couronnés de succès. Le nombre de retours et leur conversion reste plus floue. Lorsque la campagne prend fin, il existe une rémanence et les retours continuent à se manifester, rendant les bilans toujours « provisoires ».

Les agences préfèrent, on le comprend aisément, les campagnes d'image, plus faciles à cerner par les créatifs. La génération de la demande réclame par opposition, une grande proximité avec le produit et l'utilisateur et sont soumises à des mesures objectives incontournables.

Les deux types de communication sont nécessaires mais ne sauraient être confondus.

Une campagne d'image pour être efficace doit être récurrente. La rémanence d'un message étant rarement supérieure à quelques mois, il faut donc recommencer la diffusion plusieurs fois par an, même en réutilisant le support initial.

L'investissement minimum est élevé puisque la cible doit être exposée au message en pratique sept fois lors d'une période de diffusion. Ceci conduit à recourir à plusieurs supports : TV, radio, affichage, magazines, bannières Internet... Ceci explique que le spot TV qui ne passerait qu'une seule fois n'ait aucun effet. Il doit être diffusé plusieurs fois par jour pendant une semaine au moins, sur plusieurs chaînes pour prétendre à un minimum d'impact. C'est le même problème pour une publicité peu chère dans un journal professionnel spécialisé à parution trimestrielle, cette action n'a pas d'impact car la rémanence du message sur 3 mois est voisine de zéro.

> **Le choix des supports de communication est un travail de professionnels, il faut se souvenir que les campagnes doivent être construites dans le temps et dans l'espace et que la meilleure créativité reste inefficace sans une diffusion appropriée.**

Quel est le bon support de génération de demande ?

> **Ce n'est pas celui que l'agence maîtrise le mieux, c'est celui qui a le plus de chance d'atteindre l'utilisateur.**

Les techniques publicitaires ont permis de cerner la typologie des catégories socioprofessionnelles exposées aux différents types de support : affichage, radio, TV, cinéma, presse, magazines, Internet... Ces informations sont précieuses pour des campagnes à grand budget destinées au grand public. Ce sont des supports « visibles » dont le mode opératoire est bien connu.

Le cas des PME

Le défi posé par les campagnes à budget réduit, ciblées sur un segment plus étroit, constitué de professionnels, est beaucoup plus difficile à relever. C'est particulièrement le cas lorsque l'entreprise cherche à cibler les PME, véritable mirage pour tous les départements vente.

Toutes les études de marketing confirmeront que le marché des PME présente un potentiel supérieur à celui des entreprises de plus de 250 employés. En France seule, elles sont évaluées à plus de 200 000 entreprises et celles de moins de 10 employés à plus d'un million. La cible est donc difficile à atteindre. Car il faut connaître les adresses, numéros de téléphone, ou e-mail des décideurs, ce qui représente un coût. Il faut ensuite faire des sélections par taille, par secteur d'activité, voire utiliser des profils plus élaborés reposant sur la croissance du chiffre d'affaires, ou le niveau des bénéfices. Plus le ciblage est fin, plus la constitution du fichier cible est onéreux et meilleur sera le taux de retour de la campagne.

Les experts comptables, les chambres de commerce, les associations professionnelles, les journaux et magazines professionnels sont autant de vecteurs qui sont à considérer en complément des campagnes directes.

Nous venons d'aborder l'exemple des PME, le même raisonnement s'applique aux grandes entreprises ou au grand public. Nous ne le développerons pas, puisque le but de l'ouvrage est de se concentrer sur la logique de route.

Les fichiers

Une fois que la cible a correctement été définie, se pose la question de la façon de la contacter. La réponse passe par l'acquisition de fichiers professionnels : les notaires, les médecins, les PME par taille, secteur d'activité... Ces fichiers sont disponibles sur le marché et incluant le nom de l'entreprise, l'adresse, le téléphone... C'est-à-dire toute une série d'informations nécessaires pour joindre le contact.

Pour que le taux de retour soit élevé, il faut que le fichier soit le plus complet et le plus à jour possible. La disponibilité des informations concernant les fonctions remplies au sein de l'entreprise est fondamentale. Il y a peu de chance qu'un courrier destiné à « Monsieur le Directeur du Personnel » soit jamais lu par l'intéressé. Le taux de retour d'une campagne varie de 1 à 3 si un nom propre figure sur une adresse de mailing, de 1 à 5 pour une campagne téléphonique. Il n'est pas rare d'atteindre un taux d'erreurs de 25 %, rendant ainsi la campagne plus onéreuse que prévu. Un échantillonnage permet de mesurer la pertinence du fichier.

Il existe des techniques de coupon-réponse, de concours et autres cadeaux qui permettent de tenir à jour un fichier pour un peu moins d'un euro par enregistrement et par an. En pratique cependant, l'acquisition d'un nouveau « nom » dans un fichier coûte environ 25 €. Ce ne sont là que des ordres de grandeur, mais qui suffisent à justifier toutes les occasions de mise à jour lors d'un contact du « client » avec l'entreprise : lors d'une demande de renseignement, par le biais d'un abonnement à une « lettre d'information » mensuelle, lors de la visite d'un salon... C'est du « donnant-donnant », le client doit trouver un intérêt à passer du temps à décliner ses coordonnées et sa fonction. La constitution d'un fichier client unique, au niveau de l'entreprise, qui bénéficie d'une mise à jour lors de chacune des interactions avec un client est un tour de force difficile à imposer par le management mais stratégiquement incontournable.

Lorsque la base est bien renseignée, notamment avec les profils clients, on peut alors recourir à des techniques d'analyse de correspondance qui permettent de mieux cerner la cible elle-même.

> Une grande banque française, estimant trop élevé le coût de ses retours pour la promotion de ses livrets d'épargne, a procédé au test suivant :
>
> – d'une part expédition d'un courrier à tous les clients d'une agence ne disposant pas de livret,
>
> – d'autre part expédition d'un courrier à tous les clients d'une autre agence ayant le même profil moyen que les détenteurs de livret.
>
> Le taux de retour est passé de 8 % à 22 %. Le prix du contact est le même mais le taux de retour est presque 3 fois plus élevé.

**La base de données « clients » de l'entreprise
est un outil stratégique, qui a un coût.
Elle exige des compétences spécialisées et des outils
appropriés. En leur absence mieux vaut recourir
à des sources extérieures dont on vérifiera la pertinence
par échantillonnage.**

> PLANTRONICS a utilisé avec succès aux États-Unis une technique permettant de contacter les dirigeants d'entreprise pour les sensibiliser aux bénéfices des oreillettes et casques téléphoniques pour les employés et accessoirement pour les individus eux-mêmes.
>
> Une grande boîte renfermant un échantillon des différents modèles a été expédiée par FEDERAL EXPRESS au nom des membres du comité de direction de grandes entreprises.
>
> La liste des noms est une information publique aisément disponible. Le nom propre du destinataire assure le passage des barrières jusqu'au secrétariat.
>
> La dimension du colis et le contenu donnant l'image d'une technologie « chère » et innovante assure l'accès au bureau « du patron ». Il est difficile

en effet pour le secrétariat de jeter un tel contenu sans le mentionner au destinataire. Le paquet contient des modèles d'oreillettes « branchées » qui feront le bonheur des enfants de retour à la maison.

Enfin l'expédition a lieu simultanément à tous les membres du comité de direction ce qui suscite des commentaires lors de la réunion suivante.

La gestion des campagnes : une logistique rigoureuse

En conformité avec la logique de route, un portefeuille des campagnes se gère comme une ligne de production.

Le volume des retours générés par produit sur une période donnée est établi en fonction de la capacité prévue de la route :

- Si le plan de vente est de 1 000 unités au cours d'un trimestre et si le taux de conversion des retours qualifiés de 50 %, il faut prévoir 2 000 retours qualifiés,
- Si le taux de qualification des retours est de 30 %, il faut donc générer environ 6 000 retours,
- Enfin si nous attendons un retour pour 20 contacts, il faut donc générer 120 000 contacts.

Il vaut mieux le savoir avant de se lancer dans la campagne « miracle » qui va toucher seulement 10 000 contacts. C'est un raisonnement simple mais loin d'être systématiquement appliqué.

Sachant que le cycle de vente est de l'ordre de trois mois, il faut donc mettre en place les campagnes trois mois avant la période de référence pour les ventes, et donc concevoir la campagne six mois auparavant compte tenu des délais de mise en place : conception, production, expédition, formation des téléacteurs…

Si l'on souhaite prévoir son chiffre d'affaires (qui ne le ferait pas ?), les actions de vente doivent être planifiées et les opérations de génération de demande anticipées en conséquence, conformément à la route.

La génération de demande vient en appui des ventes « naturelles » effectuées par les canaux de ventes internes et externes qui ont leur propre modèle commercial mais dont il faut souvent doper l'activité.

Les premiers mois d'une année fiscale sont souvent « calmes » parce que les budgets de fonctionnement de l'entreprise ne sont pas finalisés, les campagnes n'ont pas été préparées et il est courant de perdre ainsi quelques mois de génération de demande qui ne peuvent pas se rattraper. Ce phénomène est aussi courant dans les grandes entreprises que dans les plus petites. Une planification trimestrielle sur 12 mois glissants, évite ces trous d'air et les à-coups onéreux pour rattraper le temps perdu.

Les rendements prévus ne sont pas toujours à l'arrivée, mais les erreurs fournissent de précieux enseignements qui doivent être nécessairement analysés et conservés, pour constituer le « savoir » de l'entreprise dans ce domaine. En l'absence de formalisation, on dépend de la mémoire et de l'expérience de quelques acteurs qui ne sont pas éternels au sein de l'entreprise.

Comme le disait JACK WELCH, « Une erreur est acceptable si on établit sa cause, sinon c'est une faute ».

Internet, un mirage ou un nouveau média ?

Internet est devenu un support de communication incontournable. Le marché que représente la publicité sur ce média dépasse celui consacré à la presse écrite.

La maîtrise d'Internet est devenue une discipline fondamentale pour toutes les entreprises pour toucher un nombre important de clients pour un coût faible et se donner des possibilités de réactivité bien supérieures aux campagnes classiques. En cohérence avec la logique des routes, il faut veiller à ce que l'ensemble de la route soit bien articulé et planifié et que les contacts et les retours fassent l'objet de mesures systématiques.

Le référencement et la création de trafic

La première notion à maîtriser pour faire du « e-marketing » via Internet consiste à optimiser son référencement, c'est-à-dire attirer des internautes sur son site.

Les premières techniques de référencement consistaient à se faire identifier manuellement par les moteurs de recherche. Cette activité est devenue plus automatique. Les moteurs de recherche analysent les sites et leurs mises à jour afin d'extraire des mots-clés qui permettront de les localiser rapidement. Il faut donc veiller à mettre en évidence dans le contenu du web les termes qui anticipent le mieux les requêtes formulées par les internautes.

De nombreux outils renseignent sur la manière dont les internautes accèdent à un site : par moteur de recherche, via des liens croisés sur un site partenaire ou simplement par accès direct... Suivre ces informations est important pour prendre en compte l'écosystème de ses clients et vérifier l'efficacité des efforts de promotion du site web.

L'analyse de la fréquentation page web par page web permet de suivre l'impact des annonces ou des campagnes et également de cerner les centres d'intérêt des clients.

> BARACODA, start-up Française, qui fabrique des lecteurs de codes-barres équipés de la technologie sans-fil Bluetooth a mis sur son site des informations sur les produits, les technologies utilisées ainsi que sur les applications développées par ses partenaires.

BARACODA a suivi avec régularité quelles pages étaient les plus lues. Plus des 2/3 des internautes visitaient la partie du site consacrée aux applications plutôt que celles relatives à la technologie ou aux produits.

Des partenariats ont donc été multipliés et renforcés avec des éditeurs de logiciel pour enrichir la rubrique applications et pour suivre la croissance de la fréquentation du site.

Constitution de bases de données sous Internet

Nous avons précédemment montré combien il est important de pouvoir bénéficier de bases de données complètes et mises à jour régulièrement. La majorité des sites Internet offrent la possibilité d'enregistrer son profil pour bénéficier de programmes personnalisés. Dans ces conditions, acquérir et valider une adresse e-mail à un coût voisin de zéro.

Une fois réalisée cette opération, l'internaute bénéficie automatiquement d'informations sur les sujets de son choix. C'est le concept d'alarme.

Il est couramment pratiqué par des sites marchands comme AMAZON. Si vous déclarez un intérêt pour un auteur, vous serez prévenu de toutes ses nouvelles parutions ou d'ouvrages similaires. Des sites comme AMAZON vont encore plus loin et pratiquent des méthodes de ciblage et de segmentation pour faire des propositions à leurs clients reposant sur les statistiques d'achats d'autres clients. Plus vous commandez régulièrement chez AMAZON, plus vous recevez des suggestions de qualité qui à leur tour vous feront revenir sur ce site.

L'abonnement gratuit à des bulletins d'information est une autre forme d'acquisition et de fidélisation d'Internaute. Cette communication régulière de qualité est également un moyen de rester en contact avec ses clients les plus proches et les plus motivés.

La relation électronique doit être conçue de manière équilibrée : c'est du donnant-donnant. Le temps passé par l'Internaute à fournir des informations et à les mettre à jour se pérennisera seulement si les bénéfices pour l'Internaute s'avèrent suffisants.

Gestion des campagnes via Internet

Au-delà du référencement d'un site Web, Internet constitue un excellent support pour réaliser des campagnes de génération de demande par e-mail. La technique de ces campagnes est très similaire à celles de campagnes de publipostages classiques : il faut définir une cible, créer un support, si possible avoir une accroche qui soit une offre « spéciale et limitée dans le temps »...

Les méthodes traditionnelles ne permettaient pas de connaître le succès d'une campagne, les taux de retours et de conversion n'étaient pas connus avant un minimum d'un mois. Ces mesures sont quasiment instantanées avec Internet, permettant ainsi de tester les bons messages et de dimensionner les étapes suivantes de la route.

Il est très tentant lorsque l'on envoie des e-mailings d'« arroser » la cible la plus large en raison du faible coût unitaire des contacts. C'est une erreur grave qui donne à l'Internaute un sentiment d'intrusion. Il y mettra fin en bloquant tous les messages ultérieurs de l'expéditeur. L'entreprise se prive de tout contact via Internet avec un prospect ou un client.

Le coût par clic

La mesure de base des campagnes Internet est ce que l'on appelle le « clic qualifié ». GOOGLE est le pionnier de ce concept et en a fait la base de son modèle économique.

Lorsqu'on effectue une recherche sur GOOGLE, on obtient à côté des résultats, dans une colonne de droite, des liens dits commerciaux. Ces liens sont facturés au bénéficiaire. Pour qu'une entreprise y figure, elle doit définir sur le site « adwords » de GOOGLE des critères d'affichage et acheter un certain nombre de clics (voir figure 3.1).

Il suffit de définir les paramètres suivants :

— cibler une zone géographique d'Internautes,

— trouver une accroche pour réaliser une annonce simple qui tienne sur quelques lignes,

— choisir des mots-clés de référencement (voir figure 3.2),

— et enfin choisir un budget journalier et le montant maximum accepté pour avoir un contact.

> GOOGLE débitera l'annonceur si l'Internaute clique sur le lien pour accéder au site correspondant et non pas lors de son affichage. Si les mots-clés ont été mal choisis, on peut très bien ne récupérer qu'un petit nombre de retours ou à l'inverse, être submergé par des visiteurs qui ne font pas partie de la cible et consomment inutilement le budget d'« adwords ».
>
> Pour permettre d'ajuster la campagne et d'éviter ces écueils, GOOGLE donne une évaluation du coût par clic (voir figure 3.3) ainsi que du trafic qui correspond aux hypothèses de budget sélectionnées (voir figure 3.4). Ces éléments permettent de juger si le budget alloué à la campagne est réaliste.

Le coût unitaire du clic n'est pas fixe. Il est basé sur des enchères entre les annonceurs souhaitant faire apparaître leurs liens en tête de liste. Pour être efficace, les campagnes par Internet doivent bénéficier d'une bonne préparation et d'une analyse quantitative de route approfondie. Une fois les hypothèses formulées et le budget correspondant alloué, il faut suivre avec soin nombre et fréquence des retours pour valider ou non ces hypothèses et le cas échéant, les modifier.

L'omniprésence d'Internet et la suprématie de GOOGLE ont rendu ce média incontournable. La méthode des routes permet de doser le niveau d'investissements rentables en évitant les effets de mode et en respectant le bon mix de support. Même si Internet est fondamental, il ne faut pas conclure que nous sommes à l'âge du tout Internet.

Il y a toujours dans notre courrier postal beaucoup de mailings classiques et, comme on a pu le constater lors de la coupe du monde de football 2006, YAHOO n'hésite pas à faire de la publicité sur les panneaux des stades. GOOGLE a annoncé qu'il voulait se lancer dans la mise en place d'annonces dans des journaux classiques.

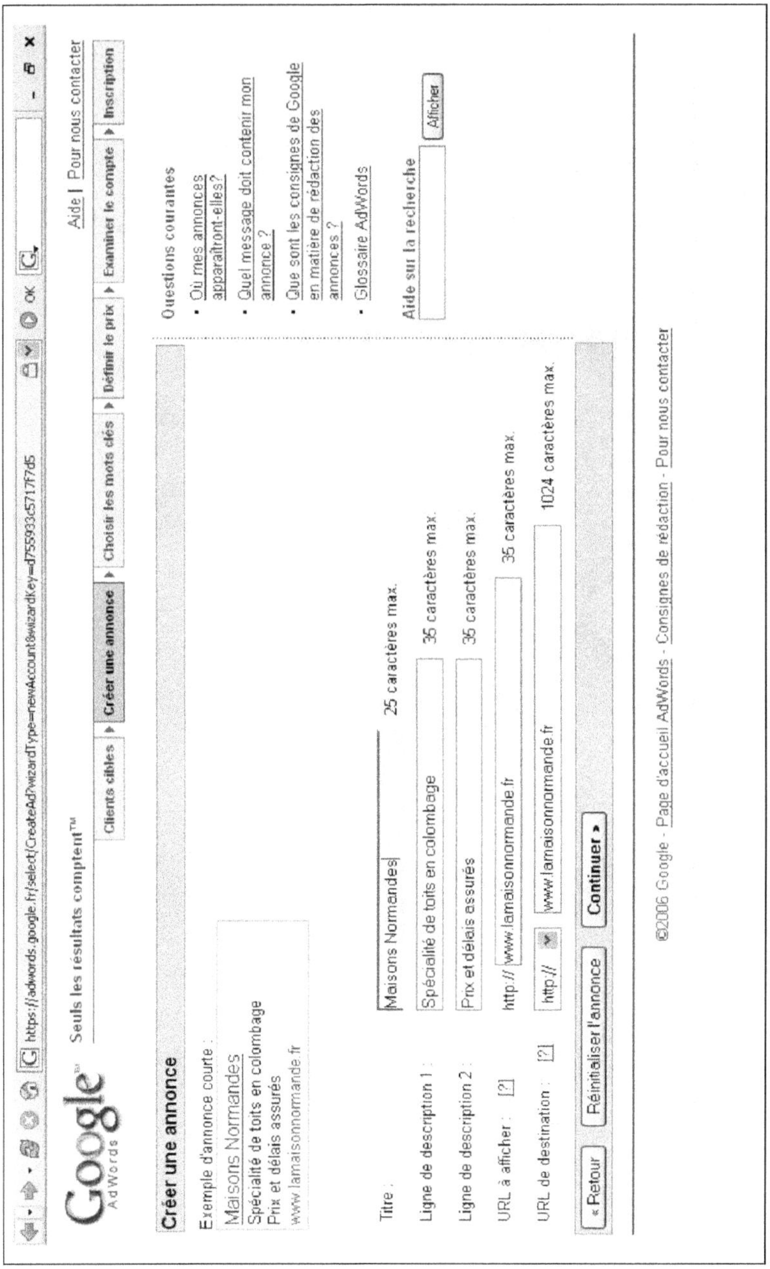

Figure 3.1. **Création d'une annonce sous Adwords**

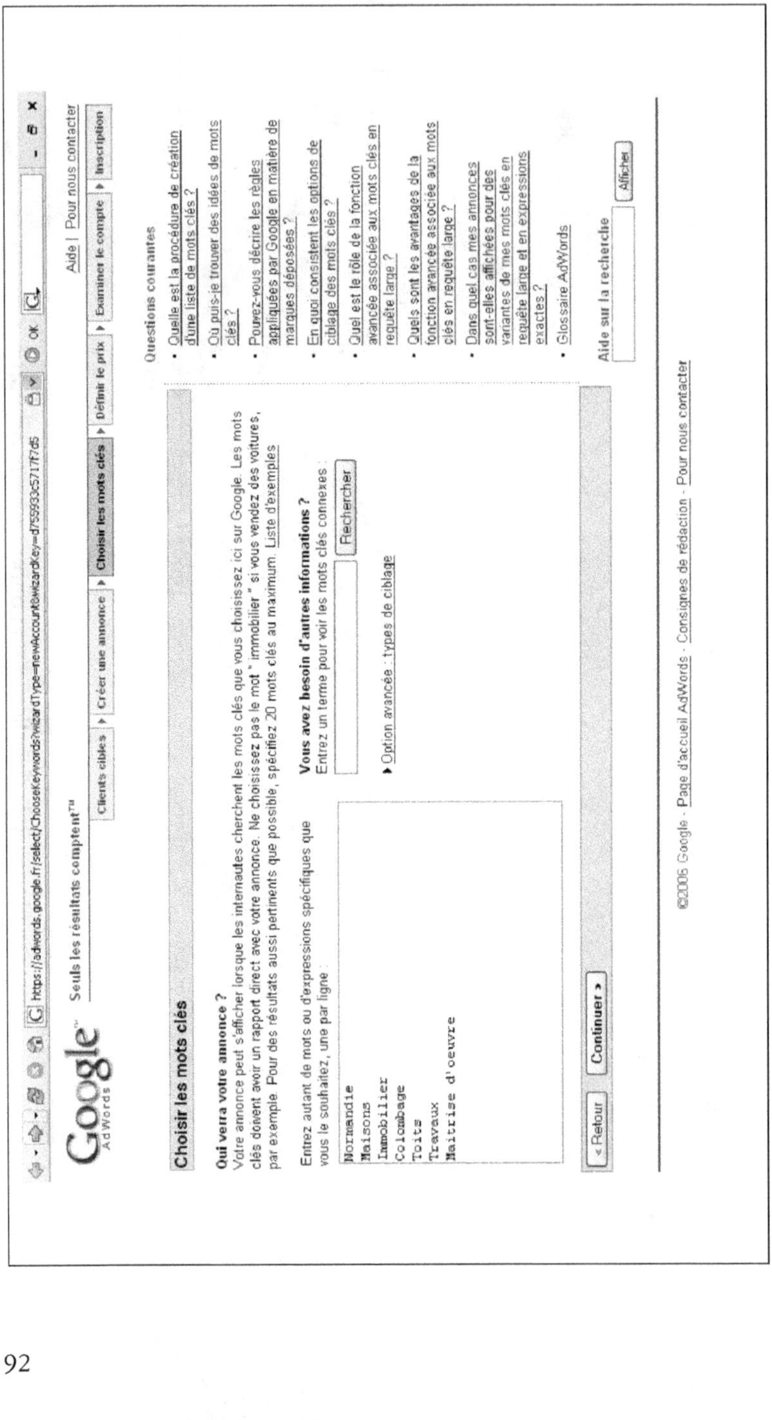

Figure 3.2. **Choix de mots clés**

Choisissez une devise

Effectuez les paiements pour ce compte à l'aide de : [Euros (EUR€)] ▼   Afficher les options de paiement
Ce paramètre détermine uniquement comment vous effectuez votre règlement à Google, et non la manière dont vous réalisez vos transactions avec vos clients.
Remarque : Ce paramètre ne peut plus être modifié une fois que vous avez activé votre compte

Quel est le montant maximum que vous êtes prêt à dépenser, en moyenne, par jour ?

Le budget quotidien [?] permet de contrôler vos coûts. Si la limite quotidienne est atteinte, la diffusion des annonces s'arrête généralement jusqu'à la fin de la journée. Le budget détermine la fréquence de diffusion de l'annonce, et non sa position. Vous pouvez augmenter ou diminuer ce budget quand vous le souhaitez.

Entrez votre budget quotidien. € [50]

Quel est le montant maximum que vous êtes prêt à payer chaque fois qu'un internaute clique sur votre annonce ?

Vous pouvez modifier la position de votre annonce en définissant un autre coût par clic (CPC) maximum [?]. Le CPC maximum est le montant le plus élevé que vous êtes prêt à payer lorsqu'un internaute clique sur votre annonce. Vous pouvez modifier ce montant aussi souvent que vous le souhaitez.

Entrez votre CPC maximum : € [1]   (Minimum : €0.01)
Des CPC d'un montant plus important entraînent des positions d'annonce plus élevées, qui se traduisent généralement par des clics supplémentaires.

Vous souhaitez acheter le plus grand nombre de clics possible ?

▼ Afficher l'outil de prévision du trafic - Entrez un CPC et consultez les prévisions de classement, de trafic et de coût des mots clés

CPC maximum : [1]   Budget quotidien : [50]   [Obtenir de nouvelles estimations]

Points à noter : Si certains termes employés ne vous sont pas familiers, consultez le glossaire de l'outil de prévision du trafic.
• Comme vos campagnes ne disposent pas encore d'un historique des performances, les prévisions relatives aux mots clés sont basées sur des informations de performance à l'échelle du système. [?]

Prévisions pour le CPC maximum : €1.00 EUR et budget quotidien €50.00 EUR

Mots clés ▼	État prévisionnel	CPC moyen prévisionnel	Positions prévisionnelles de l'annonce	Clics / jour estimés	Coût / jour estimé
Totaux sites de recherche		€0.28 - €0.44	1 - 3	92 - 117	€30 - €50
Colombage	Actif	€0.17	1 - 3	0	€1
Immobilier	Actif	€0.38 - €0.57	1 - 3	32 - 41	€20 - €30
Maison	Actif	€0.22 - €0.36	1 - 3	41 - 51	€10 - €70
Maisons	Actif	€0.19 - €0.33	1 - 3	7 - 9	€2 - €3
Maîtrise d'œuvre	Actif	€0.12 - €0.21	1 - 3	0	€1
Normand	Actif	€0.25	1 - 3	0 - 1	€1
Normandie	Actif	€0.20 - €0.36	1 - 3	7 - 9	€2 - €4
Toits en colombage	Actif	Données insuffisantes pour générer des prévisions [?]			
Travaux	Actif	€0.16 - €0.30	1 - 3	4 - 6	€1 - €2

Les prévisions pour les mots clés sont fonction des taux de clics des annonceurs actuels. Certains mots clés ci-dessous doivent être révisés par Google et peuvent ne pas déclencher vos annonces tant qu'ils n'auront pas été approuvés. N'oubliez pas que nos prévisions de trafic partent du principe que vos mots clés ont été approuvés.

Figure 3.3. **Évaluation du coût par clic**

mots clés.

| CPC maximum : | | Budget quotidien : 100 | | Obtenir de nouvelles estimations |

Points à noter : Si certains termes employés ne vous sont pas familiers, consultez le glossaire de l'outil de prévision du trafic.

- Comme vos campagnes ne disposent pas encore d'un historique des performances, les prévisions relatives aux mots clés sont basées sur des informations de performance à l'échelle du système. [?]

Prévisions pour le CPC maximum : €2,00 EUR et budget quotidien €100,00 EUR

Mots clés ▼	État prévisionnel	CPC moyen prévisionnel	Positions prévisionnelles de l'annonce	Clics / jour estimés	Coût / jour estimé
Totaux sites de recherche		€0,46 - €0,68	1 - 3	121 - 151	€60 - €100
Colombage	Actif	€0,17	1 - 3	0	€1
Immobilier	Actif	€0,55 - €0,82	1 - 3	79 - 99	€50 - €90
Maisons	Actif	€0,25 - €0,36	1 - 3	19 - 23	€5 - €9
Maîtrise d'oeuvre	Actif	€0,12 - €0,19	1 - 3	0	€1
Normandie	Actif	€0,22 - €0,33	1 - 3	11 - 14	€3 - €5
Toits	Actif	€0,11 - €0,20	1 - 3	0	€1
Travaux	Actif	€0,24 - €0,39	1 - 3	12 - 14	€4 - €6

Les prévisions pour ces mots clés sont fonction des taux de clics des annonceurs actuels. Certains mots clés ci-dessous doivent être révisés par Google et peuvent ne pas déclencher vos annonces tant qu'ils n'auront pas été approuvés. Notez que nos prévisions de trafic partent du principe que vos mots clés ont été approuvés.

Trois points à prendre en compte :

- La diffusion de vos annonces ne débutera qu'une fois que vous aurez activé votre compte en répondant à un e-mail que nous allons vous envoyer. Vous pourrez toujours modifier votre CPC et votre budget ou mettre votre compte totalement en veille.
- Votre budget définit le montant de vos dépenses. Si votre budget quotidien est de 5,00 €, par exemple, vous ne serez jamais facturé plus de 150 € pour un mois de 30 jours.
- Pour diminuer vos coûts, choisissez des mots clés plus précis, tels que roses rouges au lieu de fleurs. Les mots clés précis ont plus de chances de convertir un clic en client. Modifiez votre liste de mots clés.

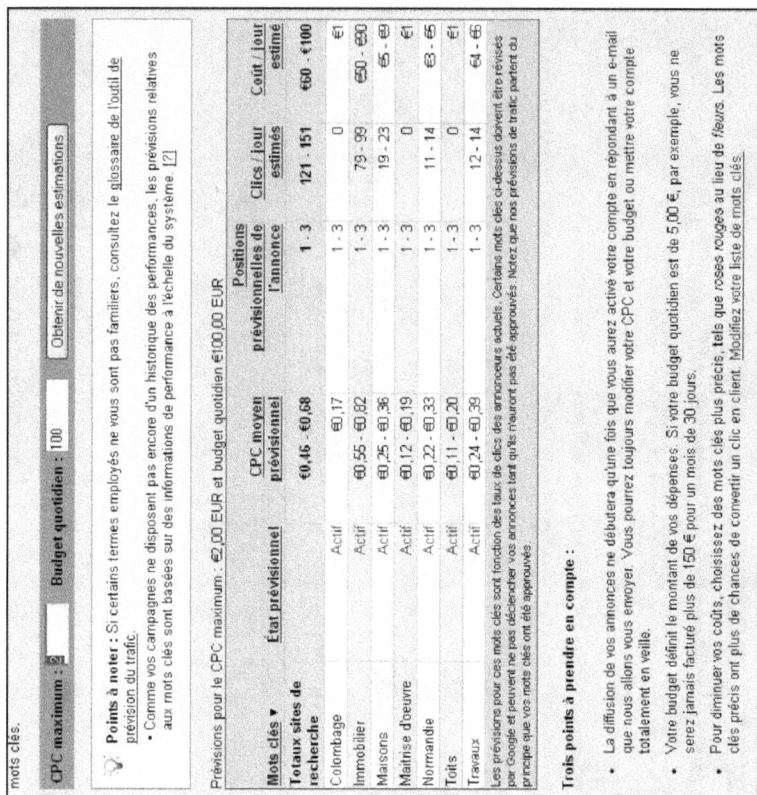

Figure 3.4. **Évaluation des résultats de la campagne Adwords**

Les salons : développement de l'image ou génération de la demande ?

Les salons professionnels ont évolué ces dernières années vers une plus grande spécialisation et un meilleur ciblage des visiteurs.

Ces événements sont parfois devenus des « incontournables » de la profession, des occasions privilégiées pour procéder à des annonces ou simplement pour se faire connaître. C'est une occasion d'inviter des clients, directement ou en co-marketing avec des partenaires pour présenter des nouveautés et aussi une opportunité d'organiser des rendez-vous avec la presse.

Un salon peut figurer sur la liste des actions de génération de demande uniquement s'il y a enregistrement des contacts et mesure de leur suivi. Dans le cas contraire, c'est une opération d'image, à considérer comme faisant partie de la publicité institutionnelle et non pas une génération de demande liée à un produit spécifique, même si ledit produit est exposé sur le salon.

L'expérience montre hélas que les salons ne sont pas l'occasion de réelles actions de génération de demande. En pratique, la majorité du temps passé sur le stand est consacré à des conversations internes, à renseigner les concurrents, à reprendre contact avec des amis… Ce qui ne génère que bien peu de nouveaux contacts et encore moins de retours.

C'est un poste important du budget Marketing et Communication. Au-delà des dépenses directes comme la location et la fabrication du stand, il faut également prendre en compte le niveau de ressources internes mobilisées pour la préparation de l'événement, les permanences et l'hébergement pendant la durée du salon. Pour une start-up, préparer un salon important comme le CEBIT à Hanovre, un des plus grands salons technologiques européens peut se traduire par un mois d'arrêt quasi complet de l'activité de l'exposant.

Décider de ne pas participer à un salon est un acte courageux et une décision difficile. On craint de laisser la place libre pour la concurrence. Mais les clients et les partenaires invités à un salon ne manqueront pas de les visiter. Certaines officines asiatiques sont spécialisées dans le ratissage systématique des nouveautés exposées, photos à l'appui, malgré les interdictions (expérience vécue qui a failli en finir aux mains). Présenter un futur produit non annoncé pour séduire les clients, est une aubaine pour les concurrents.

Une alternative consiste à organiser des salons itinérants par région ou par pays au bénéfice exclusif d'une seule entreprise qui, ce faisant, se rapproche de ses clients et partenaires. La couverture de presse régionale est assurée et les annonces gagneront en visibilité. Il faut créer soi-même le flux de visiteurs, mais les commerciaux, les partenaires et le marketing direct y pourvoiront. La firme APPLE est à notre connaissance le pionnier de ces salons exclusifs depuis plus de 10 ans.

Les dirigeants ont une excellente occasion de rencontrer de nombreux clients et partenaires. Les concurrents feront remarquer votre absence du salon traditionnel mais mieux vaut en être absent que d'assurer une présence à petit prix avec un stand au rabais qui pénalisera l'image de l'entreprise.

Le rédactionnel : une communication efficace et peu onéreuse

Une idée, ou une excuse, répandue, consiste à croire que la presse ne traite que des grandes sociétés et ne s'intéresse qu'aux annonceurs alimentant le budget publicité. Il faut s'inscrire en faux contre cette idée. Il est certes plus facile de réunir des journalistes pour une réunion avec GOOGLE que PLANTRONICS, mais c'est également possible.

Quelques conditions doivent cependant être réunies :

• Avoir une information nouvelle qui intéresse le lecteur. Une brillante présentation de produit réalisée avec des supports marketing ne constitue pas une information publiable. Il faut révéler quelque chose dont on est capable de mettre en valeur l'aspect réellement innovant pour le lecteur, son confort, sa santé, sa productivité…

• Présenter cette information sous une forme facilement utilisable par le journaliste comportant les supports adéquats (photos…).

• Fuir la langue de bois qui irrite particulièrement cette population et en particulier accepter de donner des chiffres.

• Adapter le contenu à l'auditoire : les magazines ne retiennent pas les mêmes informations que les journaux professionnels. Dans ce domaine également, tout est question de segmentation et de ciblage.

• S'abstenir si l'on n'a rien à dire.

Pour un journaliste, assister à une conférence sans en ressortir avec un sujet d'article, c'est du temps perdu qui aurait été mieux utilisé ailleurs.

La direction de l'entreprise doit être disponible pour les sollicitations des journalistes, même de dernière minute. Un jour plus tard et le bouclage est passé. Lier des relations permanentes avec les journalistes est une bonne source d'information sur la profession et de plus, leur compagnie est souvent agréable.

La moindre des politesses est de parcourir les articles récents du journaliste que l'on reçoit pour s'y référer pendant l'entretien.

Les conférences de presse se préparent un an à l'avance. Leurs dates sont calées sur des événements internes ou externes, planifiées à l'avance. Il faut se demander quel sera le message délivré à la presse, plusieurs mois à l'avance, et orchestrer l'annonce d'un nouveau produit, la publication d'une étude, l'annonce d'un partenariat ou d'une acquisition. Puisque l'entreprise maîtrise son actualité, elle doit anticiper le contenu et la date de sa communication, et non pas communiquer au fil de l'eau, dès qu'un événement interne survient.

Les agences de relation presse sont précieuses grâce à leur carnet d'adresse et leur « bonnes » relations. Cette contribution est importante pour obtenir le premier rendez-vous ou la première participation à une réunion de presse. Mais quelle que soit la proximité des personnes, un article ne paraîtra que si sujet en vaut la peine, cela ne dispense donc pas des conditions préalables décrites ci-dessus.

La rémunération des agences se pratique sur la base d'un tarif horaire, comme un consultant. La justification des honoraires se présente donc sous forme d'un rapport d'activité.

En cohérence avec notre logique de route, notre objectif est de générer de la demande et donc la production de retours. Pour que cette activité ne soit pas seulement de la communication d'image, il faut donc une mesure, ce qui n'est pas une notion très populaire dans ce milieu.

Nous proposons une méthode simple que nous avons pratiquée, cohérente avec le concept de Route, qui consiste à identifier les articles qui mentionnent le produit objet de la campagne et pondérer chaque article avec le tirage du support

(support électronique exclu). La somme de ces « articles pondérés » est une bonne indication de la couverture de presse obtenue par l'agence pour le produit. Une mention dans *Le Monde* apportera 350 000 points, dans *Libération* 150 000 et dans *Paris Match* 635 000. Les mentions sur un support Internet pour ces titres doivent être consolidées à part si l'on veut rester homogène.

Vu sous cet angle, le rédactionnel prend la dimension d'une publicité beaucoup moins onéreuse et à ce titre doit figurer au sein de la route. Cependant, comme la publicité, il doit être relayé par des actions complémentaires pour générer des retours.

Les forces commerciales

Nous avons abordé différentes techniques adaptées pour les marchés correspondant à de grands volumes. On n'utilise pas de mailing pour vendre des AIRBUS ou des biens d'équipement industriels. Ce sont des domaines où il faut utiliser des forces commerciales directes. Nous verrons dans le chapitre suivant qu'il existe naturellement une variété de couples produit-segment pour lesquels la prospection en face à face reste la meilleure méthode de génération de la demande.

Dans la méthode d'évaluation des routes, il convient de prendre en compte l'activité des commerciaux avec leurs prospects comme une méthode de génération de la demande. Si le client donne suite à la première visite et montre de l'intérêt pour poursuivre alors on parlera de qualification de retours, étape qui fait l'objet du paragraphe suivant.

Il est de plus en plus rare cependant de consacrer du temps onéreux de commercial à la recherche de contacts. La prise de rendez-vous peut être assurée par des assistantes commerciales spécialisées, équipées des bons outils de gestion de relation client.

2. Qualifier les retours

L'objectif de la génération de la demande était de susciter de l'intérêt, de provoquer une demande d'information complémentaire (la terminologie professionnelle est le « *call to action* »).

Selon le contenu de la campagne, la demande va s'exprimer par un coup de téléphone auprès d'un centre d'appels, par la consultation d'un site Internet, ou simplement par la demande de renseignements auprès d'un vendeur.

Quelle que soit la méthode de qualification des retours décidés, il y a une règle fondamentale pour manager une route :

> **Un retour client qui n'a pas été traité dans un délai de deux semaines est périmé.**

Non seulement on perd l'argent investi dans les contacts, mais on génère une image négative.

Nous avons procédé à plusieurs enquêtes à ce sujet. Les retours transmis à des commerciaux internes ou externes ne donnent lieu à un suivi que dans 30 % des cas environ.

Nous avons constaté un rendement bien supérieur se rapprochant des 95 % lorsque les retours sont qualifiés avant transmission à la force commerciale interne ou externe, en particulier lorsqu'on effectue le suivi des retours transmis, par un simple appel téléphonique au client pour vérifier sa satisfaction et la suite donnée à son retour.

La mesure est plus difficile à effectuer si la démarche du client s'effectue directement auprès d'un vendeur d'une entreprise de distribution. Il faut recourir à des entreprises spécialisées qui pratiquent le « *mistery shopping* ». De faux clients visitent les magasins, posent des questions aux vendeurs. Ils vérifient leurs connaissances et leur motivation pour donner suite aux demandes des clients, en relation avec la campagne en cours.

La campagne est précédée d'une formation des vendeurs sur place, assortie de concours ou autre bonus si l'enseigne le permet. Ces visites de magasins permettront également de vérifier que le produit est bien disponible et mis en évidence avec le merchandising convenu.

Ces techniques sont courantes et indispensables pour le bon fonctionnement d'un canal de grande distribution, faute de quoi l'investissement en génération de demande est perdu. La limite réside dans le taux élevé de la rotation du personnel qui exige des passages fréquents en magasin avec les coûts qui en résultent. Ceci fait partie du coût de ce canal, en sus des remises concédées.

3. La conclusion de la vente

Cette étape est connue, classique et facile à comprendre sans long développement. Afin de quantifier la route, il faut pouvoir définir ce terme à la fois précis et ambigu que représente la vente. Dans une grande surface ou sur Internet, le client n'est réellement engagé qu'à l'issue de son paiement. Par opposition, la signature du contrat, voire la lettre d'intention permet de considérer la vente comme réalisée pour des biens industriels, la notification du contrat pouvant prendre plusieurs mois. Tout dépend à nouveau du « couple produit-segment ».

Si la conclusion de la vente a été traditionnellement le domaine des forces commerciales en face-à-face, il existe maintenant toute une nouvelle série d'acteurs que l'on peut faire intervenir dans le processus commercial :

- La prise de commande par téléphone (modèle traditionnel de DELL pour la micro-informatique).

- La commande sur Internet : le commerce électronique après un démarrage lent en France représente maintenant un chiffre d'affaires de 10 milliards d'Euros en croissance rapide. Les dernières études montrent qu'il y a eu 20 millions de transactions utilisant une carte bancaire sur Internet avec un panier moyen de 80 € sur le seul premier trimestre 2006, soit une croissance évaluée par le Benchmark Group de 30 %.

- Les cataloguistes, la grande distribution, les grossistes, les revendeurs spécialisés...

Tous les clients ne se contentent pas d'Internet et souhaitent accéder à un interlocuteur en face-à-face ou au téléphone. Ne pas perdre le contact reste un impératif fondamental que permet Internet si le site prend bien en compte les étapes d'une route.

> Le site de la FNAC est un bon exemple :
>
> – Si vous avez enregistré votre profil ou vos centres d'intérêt, vous recevrez par e-mail des alertes sur les nouvelles offres (génération de la demande).
>
> – Le site offre des possibilités de comparaison avec d'autres produits, ou l'accès à des guides de recommandations d'achat (qualification des retours).
>
> – Si vous êtes prêts à passer une commande, vous en avez la possibilité mais si vous voulez voir et toucher le produit, il est possible de vérifier sa disponibilité dans le magasin le plus proche (conclusion de la vente).
>
> Par cette dernière option, le site permet de maintenir la relation avec le client et de ne pas le perdre au cours d'une route, ce qui, immanquablement servirait la concurrence.

Les canaux externes

Une stratégie de canaux externes est un sujet complexe. Beaucoup d'ouvrages et de consultants prodiguent des conseils sur le sujet, nous nous contenterons dans cet ouvrage d'examiner l'impact de ce mode de commercialisation sur la définition des routes.

Le recours à un réseau de revendeurs permet soit d'améliorer la proximité avec le client, soit de mobiliser des ressources complémentaires pour assurer la « vente » et le suivi du client. Les revendeurs offrent également une compétence d'intégration de sous-ensembles pour fournir au client une « solution » à son problème.

Ces revendeurs peuvent être livrés par l'intermédiaire d'un grossiste ou directement par l'entreprise, si leur taille et le volume de livraisons le justifient. La rémunération du revendeur est effectuée sous forme de remises, qui diminuent le revenu du fournisseur, mais lui évitent des dépenses.

C'est sous cet angle qu'une stratégie de ventes indirectes sera efficace. On ne transfère pas des dépenses à des partenaires extérieurs si cela ne représente pas une opportunité de profit pour leur entreprise.

L'approche du revendeur consiste à demander toujours plus de support et de rémunération. Le fabricant attend toujours plus d'initiative du revendeur pour la promotion de ses produits. Quand la relation atteint une certaine maturité, elle conduit à une négociation régulière d'un plan de marketing qui définit les actions, les ressources à mettre en place de part et d'autre pour la réalisation d'un objectif conjointement défini.

Quelle contribution peut-on attendre d'une structure de vente indirecte ?

Par référence aux étapes de la route, la contribution à la génération de demande est mineure. C'est au fournisseur d'assurer la communication concernant le produit.

C'est pourquoi nous ne retiendrons pas les canaux externes dans les activités de génération de demande dans les routes que nous décrivons.

Certains partenaires commerciaux prétendront le contraire, mais en y regardant de près, s'il y a génération de demande, c'est au profit des prestations propres du partenaire. Le produit du fournisseur est partie intégrante de l'offre, mais on peut toujours substituer un produit concurrent. Attendre d'un revendeur d'être son fournisseur exclusif, ou à l'inverse promettre l'exclusivité à un revendeur du produit sur un territoire donné sont deux propositions illusoires en pratique, voire illégales en Europe.

Au-delà d'engagements contractuels qui fonctionnent rarement, le fournisseur doit veiller à rester le meilleur partenaire aux yeux de son revendeur. Celui-ci sera sensible à la facilité d'accès, la qualité du support, la mise à disposition d'un bon produit qui satisfait le client final, et dont le prix n'est pas bradé par d'autres acteurs.

Le concurrent d'un revendeur n'est pas le revendeur d'un produit concurrent, c'est le revendeur du même produit ou de la même application.

La mission du marketing vis-à-vis des revendeurs ne consiste pas seulement à démontrer les vertus du produit pour l'utilisateur, mais surtout, de présenter les opportunités de profit pour le revendeur.

L'objectif de la génération de demande d'une route est de stimuler la demande de l'utilisateur, non pas celle du canal externe. Les opérations de marketing produit destinées aux partenaires externes sont à imputer à l'étape conclusion de la vente, comme toutes les actions de promotion, formation, suivi commercial… concernant les revendeurs.

Il en est de même pour l'étape suivante de qualification des retours. La transmission aux partenaires de retours qualifiés est un excellent moyen de s'assurer la loyauté d'un partenaire. Cela suppose que les retours transmis aux partenaires fassent l'objet d'un suivi individualisé comme nous l'avons décrit précédemment. Une remarque : les coûts afférents au suivi des retours qualifiés transmis aux partenaires sont à affecter à l'étape de conclusion de la vente.

Les véritables bénéfices d'une structure indirecte pour un fabricant apparaissent en fait lors des deux étapes suivantes : la conclusion de la vente et la livraison.

En effet, le coût d'une relation établie avec un client est élevé : finaliser une décision, prendre une commande, la livrer, facturer, recouvrir les créances… Il est préférable d'en limiter le nombre et d'augmenter la taille des transactions. Ces considérations conduisent à mettre en place des structures indirectes à deux niveaux en interposant un grossiste entre le revendeur et le fabricant.

Outre leur capacité de logistique, la plupart des grossistes prétendront assurer le recrutement, la promotion et le support technique des revendeurs. C'est rarement le cas et cela donne toujours lieu à des renégociations des termes et conditions de base.

Il peut être plus rentable pour une entreprise d'utiliser Internet pour fournir un support de qualité à des partenaires commerciaux à moindres frais.

> BARACODA, jeune start-up française a estimé que ses produits étaient d'un niveau de complexité technique élevé. Afin de répondre à ce problème, BARACODA a développé sur son site une partie réservée à ses revendeurs où étaient disponibles :
>
> – les dernières documentations techniques, les derniers niveaux de logiciels,
>
> – des éléments de support commercial : brochures commerciales, White papers…
>
> – un forum de discussion où les développeurs d'application et les revendeurs pouvaient échanger des informations et discuter entre eux pour partager leurs expériences.
>
> BARACODA a pu ainsi augmenter de façon très significative son réseau de revendeurs tout en assurant à chacun d'entre eux un niveau de support élevé et en contrôlant les coûts associés.

Bon nombre de start-ups ou de PME s'imaginent couvrir le marché par le simple fait de se faire référencer par des grossistes. Dans la pratique, ces entreprises dépensent une grande partie de leurs ressources pour recruter et soutenir ces grossistes et se retrouvent à cours de budget pour des réelles opérations de génération de demande.

Une fois passé l'appel d'air que peut représenter une première commande pour garnir les étagères des grossistes, des start-ups qui espéraient disposer de revenus récurrents, ont connu de grandes déconvenues. Si les produits ne bougent pas, les grossistes utilisent les clauses contractuelles et retournent le stock.

L'activité d'un canal externe se mesure seulement à partir de la deuxième commande.

> **La remise accordée aux canaux externes
> n'est pas une réduction du profit pour l'entreprise,
> elle rémunère des activités de commercialisation externalisées.**

Un produit n'est vendu que lorsqu'il parvient au client final

Une vente à un partenaire n'est qu'une étape intermédiaire vers la conclusion d'une vente à un utilisateur. La mesure importante, difficile à suivre réside dans les ventes du partenaire à ses clients (*sales out*). Les ventes au partenaire (*sales in*) vont gonfler son stock, diminuer sa rentabilité et finalement donner lieu à des reprises, même si contractuellement elles sont exclues.

Quelles que soient leurs tailles, trop peu d'entreprises mettent en place un suivi de ces indicateurs. Ceci pour plusieurs raisons :

- Certains grossistes vont demander des pourcentages de réductions additionnels pour communiquer les *sales out*. Cette demande de remise supplémentaire peut être très mal vécue pour des start-ups et représente souvent le début d'une perte de confiance réciproque.

- Certaines entreprises forcent la main de leurs grossistes pour obtenir un gonflement de leurs stocks en fin de trimestre afin de réaliser leurs objectifs commerciaux. Ce type de procédé n'a qu'un temps : lorsque les produits vont s'accumuler, les grossistes vont refuser de prendre toute nouvelle livraison et vont même retourner les produits.

De manière pratique, le meilleur moyen d'éviter ce problème est de motiver les forces commerciales et leur management sur le niveau des *sales out*. Ceci permet d'aligner la motivation des cadres de l'entreprise sur celles de leurs partenaires et de mettre en place dans l'entreprise des processus cohérents avec le choix de la route sélectionnée.

Les revendeurs et les grossistes ne sont donc pas un segment de marché. Ils ne font pas l'objet d'une route en tant que tels, même si le revenu comptable de l'entreprise se concrétise lors de leur facturation. Ce sont des acteurs qui contribuent à une route, ils ne sont pas la destination finale et les dépenses liées à ces acteurs se comptabilisent dans l'étape conclusion de la vente.

La relation avec l'utilisateur final est souvent un sujet de discussion avec les canaux externes : qui est le « propriétaire » du client ?

Il n'est pas souhaitable pour un fabricant d'abdiquer toute relation avec ses clients finals. Le fournisseur reste légalement responsable de son produit et de sa bonne utilisation et les questions des utilisateurs sont riches d'enseignement.

Un point de contact doit rester disponible pour les utilisateurs au téléphone et par Internet. Il constitue ainsi un ultime recours si les maillons intermédiaires ont fait défaut. Ce point d'accès sera plus ou moins mis en valeur par le revendeur qui lui-même fournit ce service. Les brochures jointes au produit devront y faire référence afin que l'utilisateur puisse trouver le point de contact. Les dépenses relatives à ce support utilisateur font partie de la dernière étape, comme le support technique aux revendeurs. Il est lié au produit et la route doit intégrer son coût.

En résumé les coûts engendrés par le marketing auprès des canaux externes sont à imputer à l'étape « conclusion de la vente », le support technique des utilisateurs et des revendeurs figure dans l'étape « suivi du client ».

Une politique de vente indirecte ne dispense pas de la mise en œuvre d'une force de vente

Pendant les deux premières phases de la vie du produit, nous avons souligné l'importance d'une mobilisation des clients « enthousiastes » attirés par la nouveauté, puis des clients « visionnaires » susceptibles de trouver au produit des perspectives d'utilisation innovantes.

Ce sont des activités qui doivent être menées de préférence par des forces commerciales internes car elles ne sont pas rentables sur le court terme et n'intéressent donc pas des entreprises extérieures. Le contact direct et étroit avec le client apportera une meilleure connaissance du marché et des applications potentielles. Il en est de même pour les grands projets au cours desquels le client attend un partenariat étroit de ses fournisseurs ou pour des start-ups.

Les situations décrites ci-dessus comportent une relation directe avec le client pour la génération de demande, la qualification des prospects et la conclusion de la vente.

La livraison peut s'effectuer par l'intermédiaire des canaux externes qui trouveront une opportunité d'atteindre plus vite leur seuil de rentabilité sur de nouvelles offres.

C'est un moyen accéléré de trouver des partenaires extérieurs qui permettront au produit le passage à la troisième phase des « pragmatiques ».

Les conflits de canaux : un mal nécessaire qu'il faut soigner

Une bonne complémentarité et les transitions d'une structure directe à une structure indirecte ne sont pas aussi simples sur le terrain. Les conflits potentiels de canaux sont inéluctables. Le commercial interne a un objectif à atteindre, il est tentant pour lui et sa hiérarchie d'exclure les intervenants extérieurs qui vont « détourner » le revenu à leur profit. Un mode de rémunération adapté et une politique claire sont des bases indispensables. Le sujet mérite un livre à lui seul, et demande une attention permanente. Nous le prendrons en compte dans la définition de nos « routes ».

Le même écueil se rencontre entre les différents acteurs d'un réseau de revendeurs pratiquant des politiques de marge différentes qui conduisent à une guerre des prix et finalement à une désaffection pour le produit. En Europe, les prix imposés sont illégaux, de même que le refus de vente à un revendeur. Les conditions de remise doivent être identiques ce qui ne veut pas dire que les pourcentages de remise soient les mêmes.

Il est possible d'accorder un certain niveau de remise en fonction de la valeur ajoutée selon une grille établie et publiée. Le but est de contribuer aux coûts liés à la valeur ajoutée tels que le nombre de personnes certifiées, la disponibilité d'un support technique, la commercialisation de logiciels et de services rendent le produit plus attractif… Ceci permet de différencier les conditions faites aux revendeurs de commodités en volume par rapport aux entreprises à valeur ajoutée. C'est une approche dite de remise fonctionnelle, complexe à définir et à gérer. Elle suppose une grande expérience dans le management du canal…

Il faut privilégier les partenaires à valeur ajoutée en phase deux et trois du cycle de vie du produit et donc décourager les politiques de « guerre des prix ». Lorsque le produit devient une commodité en phase quatre et cinq : il faut optimiser le prix du marché et privilégier les ventes à marges réduites.

Dans le chiffrage de nos routes, la politique de remise n'interviendra que sous forme de réduction du revenu et non pas sous forme de dépense. Ce faisant, nous nous éloignons des règles comptables strictes, mais cet ouvrage a pour objectif d'optimiser les routes, et ne prétend pas fournir une base comptable pour les financiers.

Externalisation des forces commerciales ne signifie pas canaux externes

Il est possible d'externaliser les forces commerciales directes. Cette approche ne constitue pas la mise en place d'un canal externe.

Dans les pays anglo-saxons et de plus en plus couramment sur le continent, des entreprises proposent la mise à disposition de forces commerciales travaillant en exclusivité ou en mode partagé. Le recrutement, la formation, le management sont alors assurés par ces prestataires qui réalisent les mêmes activités qu'une force de vente interne : identifier des prospects, qualifier les contacts et conclure la vente.

Nous répartirons les frais correspondant à cette prestation de la même manière que ceux des forces de vente internes en affectant à chaque étape de la route, le coût de leur intervention après estimation de la répartition de la charge de travail correspondante.

4. La livraison

Cette étape concerne l'ensemble des frais administratifs couvrant la prise de commande, la logistique, la facturation et le recouvrement.

Nous prendrons l'hypothèse que les entreprises ont une bonne connaissance de leurs coûts unitaires pour les activités logistiques ou administratives. Nous intégrerons ces coûts dans la route en fonction des volumes prévus, prenant en compte, lorsque ces chiffres sont disponibles au sein de l'entreprise, les coûts unitaires suivants :

— le coût fixe d'une « relation client » gérée par le service administratif,

— le coût d'une commande,

— le coût d'une ligne de commande,

— le coût fixe d'une livraison,

— le coût d'une ligne de bordereau de livraison,

— le coût d'une facture,

— le coût d'une ligne de facture,

— le coût de stockage d'une référence élémentaire (SKU).

Ces éléments sont pris en compte par les sociétés de logistique pour chiffrer leurs prestations.

Le but de l'étude des « routes » est d'optimiser le coût des tâches administratives. Selon le type de route, les volumes administratifs peuvent varier dans de larges proportions. Le recours à des grossistes représente une réduction du revenu correspondant à la remise du grossiste, mais au plan administratif :

• On divise les « relations-client » par un facteur 100 (dans l'hypothèse où un grossiste gère 100 revendeurs qui auraient sinon passé une commande directe). On se limite ainsi à quelques « relations client » par pays.

• Le nombre de commande est divisé par 200, le nombre de lignes par 1000, les factures par 200, les livraisons par 300... Le recouvrement est réduit à quelques sociétés, dont la structure financière est connue.

Une distribution à deux niveaux est devenue incontournable avec pour corollaire la suppression d'un stock au niveau du pays, remplacé par une logistique internationale par continent intégrant les livraisons des différentes usines. L'impact sur le coût des routes est tel que la stratégie de commercialisation ne peut l'ignorer.

Pour donner des ordres de grandeur : la réduction des dépenses administratives de 50 %, conduit à une réduction du ratio dépenses sur revenu de l'ordre de 4 %, ce qui représente une amélioration du profit de 50 à 100 %.

Attention ces chiffres ne sont pas à mettre entre toutes les mains, encore faut-il s'assurer que l'efficacité du modèle commercial est préservée voire augmentée.

La définition de la route nous le dira en prenant en compte les autres critères tels que maturité du produit et segment visé.

5. Le support client

Quand un utilisateur a épuisé les possibilités d'aide fournies par les brochures ou l'assistance du vendeur, il doit avoir recours en dernière instance au fabricant ou à l'éditeur. Selon les acteurs retenus pour la conclusion de la vente, la charge de l'assistance à l'utilisateur sera plus ou moins élevée par le fabricant.

La disponibilité et la facilité d'accès sont maintenant offertes par une combinaison d'Internet et d'un centre d'appels, avec un ou plusieurs niveaux de compétences. Cette opportunité de contact direct est fondamentale pour la satisfaction de l'utilisateur qui sera ainsi fidélisé. À l'inverse, il faudra dépenser une fortune pour reconquérir un client frustré par un accueil inefficace lors de sa demande d'assistance.

Les dépannages à l'issue de la période de garantie (la maintenance) sont une autre offre qui constitue en soi un couple produit-segment qui doit faire l'objet d'une route distincte.

Chapitre 4

La dynamique des routes

Nous avons recensé au premier chapitre les informations requises pour le tracé d'une route : pour chaque couple produit-marché, nous connaissons la taille du marché. Nous maîtrisons l'écosystème du produit et nous sommes capables de le positionner sur son cycle de vie. Nous connaissons enfin les différentes ressources qui peuvent intervenir le long d'une route, comment les faire travailler en bonne synergie et mesurer leurs activités. L'objectif de ce chapitre est de proposer un cadre d'analyse qui permette de prendre en compte tous ces éléments.

Nous pouvons conclure à un grand nombre de routes possibles, tant les combinaisons de ressources sont interchangeables à l'infini. Allons-nous recourir à l'ordinateur pour modéliser le modèle commercial de l'entreprise et construire une sorte de GPS qui nous donnerait, en fonction du point de départ – le produit – , et en fonction du point d'arrivée – le segment –, un itinéraire optimisé, c'est-à-dire le meilleur ratio dépenses sur revenu ?

La question nous a souvent été posée, mais nous laisserons la réponse aux universitaires pour nous consacrer plutôt à la réalité du terrain et aux résultats.

Contrairement au dicton, toutes les routes ne mènent pas à Rome, elles doivent respecter des points de passage forcés qui prévalent les considérations économiques.

Une route qui n'est pas efficace, même si elle n'est pas chère, est encore trop onéreuse.

1. Comment aborder le dessin d'une route ?

La route n'est pas figée, elle est au centre d'un système dont les éléments évoluent avec le temps.

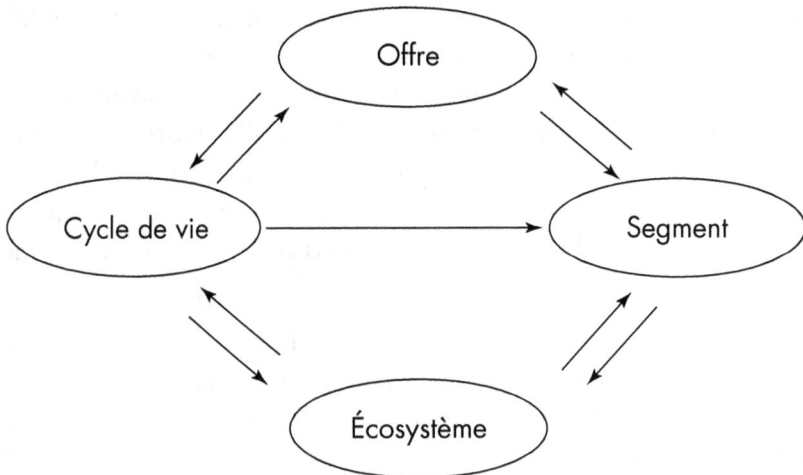

L'offre

L'offre est une donnée de base en ce qui concerne les routes. Elle a donné lieu à des analyses de marché, le marketing produit et le développement ont travaillé à sa définition. Ce travail est terminé. Au moment d'envisager les routes, nous pouvons considérer l'offre comme une donnée.

Nous avons utilisé le vocable « produit » dans les chapitres précédents, de préférence à « l'offre » pour faciliter la lecture, en précisant qu'il faut prendre le produit au sens générique du terme. Un produit est une offre matérielle : un PC, un téléviseur, une machine-outil ; ou immatérielle : un service, une prestation, un logiciel.

Il n'y a pas de différence notoire de route entre le matériel et les services associés. C'est ce que nous avons constaté en commercialisant des services de maintenance IBM, destinés aux PME, par l'intermédiaire d'un réseau de revendeurs et de grossistes.

Dans les années quatre-vingt-dix, IBM avait décidé d'étendre la commercialisation de ses produits par des canaux de grossistes. Lors des ventes réalisées par les ingénieurs commerciaux, il était courant de rajouter au produit des prestations de service comme la maintenance ou l'installation. Pour préserver ces revenus, IBM a créé les « service packs », une série de contrats simples packagés sous pochette plastique, qui suivaient le même cheminement physique que les produits. Revendeurs et grossistes pouvaient ainsi les revendre à leurs clients aussi facilement que le faisaient par le passé les forces commerciales d'IBM.

Cette pratique a été généralisée auprès du grand public avec la vente en grandes surfaces de prestations d'installation à domicile pour Internet et les bornes Wi-Fi, même en l'absence de fourniture d'un équipement par le prestataire. Le développement de la domotique et la croissance de la population des seniors à fort pouvoir d'achat, mais sans aptitude technologique, font naître un énorme marché des services à la personne sur lequel les grands acteurs de la distribution, les opérateurs téléphoniques et les sociétés indépendantes commencent à se positionner. La matérialité de l'offre se résume à une pochette plastique selon le même principe des « service packs », payée à la caisse et donnant accès à des prestations intellectuelles à domicile. Difficile en effet de vendre sur Internet une installation et une formation destinée à utiliser l'outil lui-même.

La vente de produits financiers, assurance-vie ou crédit aux entreprises n'échappe pas à la mise au point d'une commercialisation donc à la définition de routes. Ce sont les banquiers eux-mêmes, comme les assureurs, qui parlent de « produits ». Des produits qui ont leur cycle de vie, leur écosystème, leurs cibles segmentées, une génération de demande, une qualification des retours... Les directions marketing sont apparues dans les banques seulement dans les années 1980. Elles disposent de nos jours de budgets de génération de demande comparables à ceux de l'industrie automobile. Elles se sont vite confrontées à la rentabilité des actions de promotions et de communication donc à la compréhension des routes utilisées. La forte marge dégagée par les produits n'a pas encore exacerbé le coût des routes, tant le poids des frais de personnel est prépondérant.

ING, en France, a adopté une stratégie de vente au téléphone, comme DELL pour les PC, faisant l'économie d'un réseau d'agences. La société cible ses actions sur des produits grand public, simples, en vente directe. La banque à distance prend le contre-pied de la banque de proximité en se montrant encore plus accessible. L'offre est totalement immatérielle, elle est néanmoins traitée comme un « produit » soumises aux mêmes règles.

Les segments et les sous-segments

Pour une offre donnée, le marketing produit a défini le ou les segments de clientèle ciblés.

Comme nous l'avons décrit au premier chapitre, la courbe de MOORE permet de caractériser un sous-segment pour chaque phase du cycle de vie du produit : les enthousiastes, les visionnaires, les pragmatiques, les conservateurs et les sceptiques. Le cycle de vie peut se dérouler sur quelques mois ou sur plusieurs dizaines d'années en fonction de la nature de l'offre, les sous-segments ne constituant pas une donnée stable dans le temps.

Chaque sous-segment est caractérisé par son propre écosystème. Les intervenants et les influenceurs des pragmatiques ne sont pas les mêmes que ceux des visionnaires.

Pour un couple produit-segment, on aboutit donc à une route distincte par phase de cycle de vie comme représenté ci-dessous :

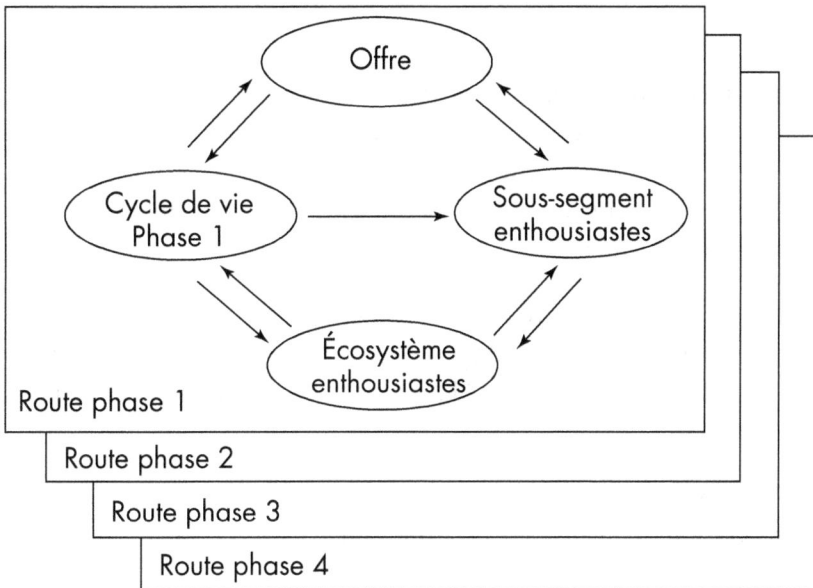

Nous reviendrons plus en détail (chapitre 4.2) sur les types de route pour chaque phase de la vie du produit.

La méthode des routes n'impose absolument pas d'aborder les produits à partir de la phase 1, la mise en place peut se faire à partir de n'importe quel moment, mais il est fondamental pour le tracé de la route de se placer dans le contexte de la phase effective dans laquelle se trouve le produit. C'est une donnée « marché » dont on ne peut s'affranchir.

Le fil d'Ariane d'une route

Nous avons clarifié la dynamique des routes, nous allons maintenant nous consacrer à leur contenu. Par quelle étape commencer ?

Générer la demande	Qualifier les retours	Conclure la vente	Livrer le client	Suivre le client

Nous recommandons vivement de repartir du client, une personne en chair et en os, définie conceptuellement dans le sous-segment. Nous allons lui donner vie et pourquoi pas lui donner un patronyme pour le rendre encore plus présent et le différencier d'une route à l'autre.

Il doit nous être suffisamment familier pour répondre aux questions élémentaires, dans l'ordre (on prendra la précaution de se référer au chapitre 1, page 43 pour la définition du client) :

1) Où achète le client ?
La réponse nous indiquera les meilleurs acteurs pour figurer dans l'étape « conclure la vente ».
« Être là où le client achète » conduit à définir le mode de distribution et la force de vente, sa mise en place et son management.

2) Où s'informe le client ?

La réponse nous indiquera les médias et les événements les plus pertinents pour les actions de l'étape « génération de la demande ».

3) Quelles sont les motivations du client ?

La réponse nous indiquera les messages auxquels le client est sensible.

Nous aurons ainsi le contenu des campagnes et les acteurs pour la « qualification des retours ».

4) Qui sont les acteurs de l'écosystème du client ?

La réponse nous indiquera le plan de communication à mettre en place, réparti sur les trois premières étapes de la route.

5) Quelles sont les attentes du client en matière de suivi et d'assistance ?

La réponse nous indiquera les moyens à mettre en place pour l'étape « suivre le client ».

La réponse à ces questions nous permet de tracer une route pour une offre, ciblée sur un sous-segment, en fonction de sa position sur le cycle de vie.

L'étape suivante consiste à enchaîner efficacement les routes liées aux différentes phases.

2. Les challenges d'une route

Pour chacune des 5 phases de la vie du produit, la route, pour être optimale, doit remplir des critères qui ne sont pas seulement de nature économique.

La phase des enthousiastes : ne pas se tromper de clients

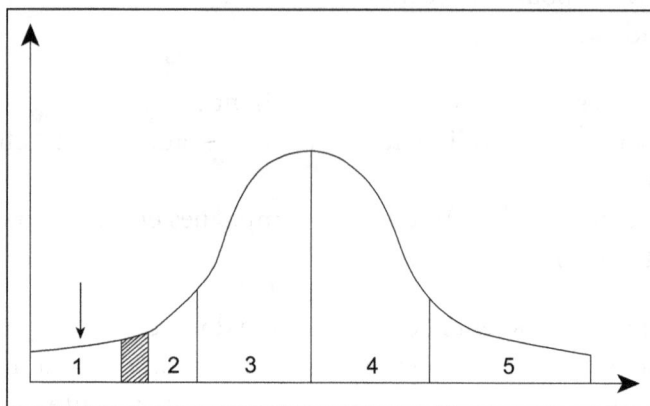

Lors de cette phase, le challenge est de pouvoir atteindre les clients les plus attirés par la nouveauté, les innovateurs. Ils sont peu nombreux et on ne retiendra que ceux qui ont de l'influence, sont visibles et crédibles.

La bonne maîtrise de l'écosystème de cette cible spécifique est fondamentale. Le moment n'est pas encore à la génération de demande sur une grande échelle. L'objectif n'est pas non plus le volume, il réside avant tout dans la vente au bon client, celui que l'on recherche pour jouer le rôle d'« enthousiaste ». Le problème est de ne pas se tromper de cible, sinon les « visionnaires » de la phase 2 seront plus difficiles à mobiliser.

> Faisons un retour sur le passé pour évoquer le profil des enthousiastes pour un produit aujourd'hui banalisé et connu de tous : la messagerie électronique.
>
> Les premières applications de ce concept remontent aux années 1980. IBM avait mis en place, pour un usage interne, une messagerie électronique sous l'acronyme de PROFS (« Professional Office System »). Ce nouvel outil avait connu un grand succès auprès des utilisateurs.

La solution avec le recul peut faire sourire : chaque utilisateur disposait d'un terminal d'ordinateur relié à un site central par un réseau téléphonique privé. En quelques années, plusieurs dizaines de milliers d'utilisateurs IBM communiquaient ainsi à travers le monde. Fort de cette référence interne, IBM a fait la promotion de cette application en priorité aux grands groupes industriels internationaux, qui pourraient partager ce même souci de communication rapide entre leurs employés.

Une décision de ce type doit se prendre au niveau de la direction générale dont le soutien est une condition indispensable pour atteindre une adhésion totale du personnel, l'objectif étant d'arriver à une situation où chaque employé prendra l'habitude quotidienne d'ouvrir sa boîte aux lettres et de répondre à son courrier. IBM recommandait de commencer au plus haut niveau de la hiérarchie pour rendre l'image de l'application valorisante, et inciter les collaborateurs à regarder leur courrier… au cas où il y aurait un message de leur patron. Lorsque ce conseil n'a pas été suivi le démarrage s'est avéré beaucoup plus lent.

Les réactions des équipes de direction rencontrées illustrent bien les différents niveaux de maturité : Les « enthousiastes » ont perçu tout de suite l'intérêt pour une entreprise de raccourcir ses délais de communication, la possibilité de tirer parti des décalages horaires en faisant travailler les équipes aux États-Unis pendant la nuit en Europe, en autorisant la consultation des agendas électroniques pour l'organisation des réunions.

La détection des enthousiastes était immédiate, soit l'attrait de l'innovation déclenchait sur-le-champ un engouement pour ces pratiques nouvelles, soit les réserves s'exprimaient dans les domaines les plus inattendus : « Je ne sais pas utiliser un clavier, c'est un travail de secrétaire qui serait dévalorisant pour ma fonction. », position très répandue à l'époque en Europe chez les dirigeants, contrairement à leurs homologues des pays anglo-saxons.

Vingt ans plus tard, cadres et dirigeants qui se font imprimer leur courrier par leur secrétaire se cacheraient plutôt de cette infirmité.

Autre réaction répandue à l'époque : « je vais perdre du temps à effectuer des tâches qui peuvent être effectuées par ma secrétaire ». La mobilité des personnes et le peu de temps passé au bureau ont, de nos jours, balayé l'argument.

123

> Les plus réticents seront en fait dépassés ou convaincus par leurs enfants grâce à la généralisation des PC.
>
> Il a fallu environ dix ans avant que la décision de mettre en place une messagerie dans l'entreprise ne devienne une décision d'investissement courante des grandes multinationales aux PME. Le décollage d'Internet à la fin des années 1990 ne laissait plus le choix aux plus sceptiques des dirigeants, qui risquaient de se retrouver coupés du monde extérieur.

Dans notre exemple, le concept de la messagerie devait être envisagé initialement comme un élément fondamental de la politique d'entreprise, comportant un volet financier, organisationnel et culturel. La génération de la demande consiste à identifier des entreprises dynamiques, dirigées par des équipes innovantes. La communication s'effectue de direction à direction, au cours d'un dialogue en face à face. Des techniques de campagnes, de promotion ou de publicité seraient restées lettre morte. À l'inverse, elles auraient réduit le caractère stratégique et innovant des décisions, ne permettant plus un accès à la direction générale, dont l'implication était pourtant requise.

La route appliquée dans ce cas pour atteindre les enthousiastes peut se représenter comme suit :

	Générer la demande	Qualifier les retours	Conclure la vente	Livrer le client	Suivre le client
Résumé de la route	– Constructeur (forces commerciales)	– Constructeur (marketing produit)	– Constructeur (forces commerciales)	– Constructeur	– Constructeur

Les ressources choisies sur la route sont avant tout des ressources internes à l'entreprise. Les coûts de la route sont en quasi-majorité ceux des équipes commerciales et d'avant-vente affectés au produit.

La cible se compte initialement en quelques dizaines d'entreprises. Leurs décisions sont des références pour le reste de la profession. Le succès ou l'échec est abondamment commenté.

Au chapitre suivant, nous aborderons en détail la phase des enthousiastes pour un produit destiné au grand public. Nous reprendrons le même concept de clients attirés par l'innovation, visibles par leur environnement et constituant des références, avec des actions de nature différente, adaptées au produit et à la cible.

La phase des visionnaires : des offres et un réseau

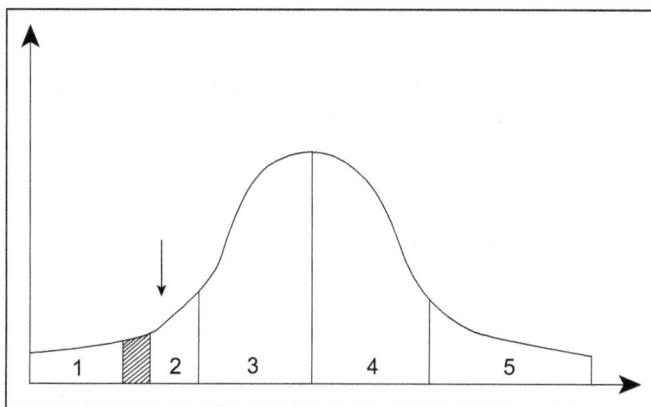

Nous ne sommes pas encore sur un marché de masse. Même si les volumes connaissent une croissance significative, les montants restent limités.

Dans cette phase, l'entreprise va structurer le marché pour identifier des segments homogènes de clients qui utilisent le produit avec la même finalité.

La priorité est donnée à la recherche de partenaires capables d'apporter tout un ensemble d'éléments et de prestations complémentaires pour faciliter la mise en œuvre du produit, c'est-à-dire de l'intégrer dans une application, un système ou une solution.

Durant la fin des années 1980, IBM avait pris du retard dans le domaine des stations de travail fonctionnant sous Unix. Lorsque IBM a annoncé un système compétitif, le RS/6000, priorité a été donnée à la construction d'un réseau de revendeurs à valeur ajoutée disposant de logiciels spécialisés par métier : expert-comptable, conception assistée par ordinateur... De telles applications existaient déjà mais elles avaient été développées sur des systèmes de constructeurs concurrents tels que DIGITAL EQUIPMENT, SUN, HP.

IBM a donc ouvert des centres de portage où les éditeurs de logiciel pouvaient avoir accès gratuitement à des machines ainsi qu'à un support technique et marketing pour mettre au point une version « IBM » de leur logiciel.

Les ressources commerciales et techniques ont été affectées en priorité au support des éditeurs. Lorsque le catalogue des applications a été jugé suffisamment étoffé, IBM s'est consacré à la promotion de son « offre solution » comprenant le matériel, les logiciels de base et les logiciels applicatifs auprès des clients finals et les intégrateurs compétents pour l'installation et la mise en œuvre.

Un réseau de distribution créé pour un nouveau produit

Dans un autre domaine, celui des réseaux de télécommunication privés, IBM a lancé dans les années 1990, des équipements permettant de gérer l'acheminement des données sur les réseaux de transmission, connus par les techniciens sous le nom de routeurs.

Les marchés ciblés étaient ceux des grandes entreprises et des PME de plus d'une centaine d'employés.

La mise en œuvre de ces équipements relève plus de la compétence en télécommunication qu'en informatique de gestion. Elle requiert l'intervention de sociétés spécialisées, distinctes de celles qui mettent en place le serveur de gestion de l'entreprise.

Le réseau des revendeurs de produits IBM avait été recruté et animé autour des serveurs d'entreprise et de PC, donc dans une large majorité des cas sans compétence particulière en réseaux de télécommunication.

La croissance des volumes à partir de la phase 3 du produit, dite des pragmatiques, était donc subordonnée à la mise en place d'un réseau de revendeurs compétents pendant la phase 2.

L'opération de recrutement est une route en soi, ayant pour cible les intégrateurs quelle que soit leur taille et comme produit : le routeur. Une approche a été définie conjointement avec un grossiste spécialisé dans les réseaux sur les bases suivantes :

– IBM établit avec le grossiste une liste de revendeurs ayant la compétence technique pour assurer l'installation et le suivi de ce produit.

– Une campagne d'information par lettre de type Direction générale, informe le revendeur des nouvelles opportunités offertes par ce produit.

– Le centre d'appels d'IBM assure le suivi de ce courrier, qualifie les entreprises intéressées et transmet les informations au grossiste pour signature d'un contrat de distribution.

– IBM et le grossiste mettent en place un programme de formation, de support marketing et technique pour que le produit soit facile à appréhender tant par le client que par son intégrateur.

Ce n'est qu'après cette étape que peut commencer une génération de demande efficace auprès des clients.

En l'occurrence pour ce produit, la génération de demande auprès des enthousiastes de la phase 1 sera effectuée par les commerciaux d'IBM. En phase 2 des visionnaires, la force commerciale prospecte les grands clients et recrute les premiers revendeurs qui faciliteront, par leur valeur d'exemple, le recrutement du réseau. Enfin, en phase 3 des pragmatiques, les volumes sont assurés à 80 % par le réseau des revendeurs et à 20 % par les forces commerciales IBM.

Au cours de la phase 3, on assiste donc à une transition de route, essentiellement basée sur les ventes directes en phase 1 et 2 pour devenir une route majoritairement indirecte en phase 3 et suivantes.

Plus la couverture du marché est efficace, plus les conflits de canaux risquent d'être fréquents. On peut aboutir à la situation extrême où le principal concurrent du revendeur est, non pas un autre revendeur disposant d'un produit concurrent, mais le constructeur lui-même, avec sa propre force de vente.

Le néophyte peut faire preuve d'un certain cynisme et faire valoir la concurrence inévitable et édicter des règles de territoires visant à laisser les clients non rentables aux revendeurs extérieurs, et de citer tous les clients de la concurrence qui sont à prospecter avant de venir sur les « terres » du constructeur.

Certains expliquent que ces conflits de canaux sont normaux, voire sains, prétextant que leur absence serait symptomatique d'un marché insuffisamment couvert. Il s'agit d'un commentaire superficiel qui dénote soit d'une méconnaissance des routes indirectes soit d'un manque de volonté d'imposer une politique commerciale claire à des forces de ventes internes.

C'est bien mal connaître ses partenaires que de les croire naïfs. Dès que le produit ne représente plus une source de profit suffisant, ils passent à la concurrence, c'est une question de survie. La loyauté attendue par le constructeur est un mythe qui ne résiste pas à la pression des affaires. Un bon partenaire est un partenaire en bonne santé financière. Si en plus il est loyal, c'est que le constructeur a mis en place une bonne politique de distribution.

Au-delà des mots, ces considérations impliquent des décisions pas toujours appréciées des forces de vente, telles que retirer de la vente directe les produits qui entrent en phase 3, la phase des solutions et de la distribution, pour éviter les conflits potentiels avec les intégrateurs et les fournisseurs de solutions dont on attend 80 % des volumes. Ils se mobiliseront, à qualité égale, voire inférieure pour le produit dont la concurrence est la plus faible donc les marges les plus fortes. Que dire enfin des constructeurs qui laissent s'instaurer une concurrence sur les prix entre leur force de vente directe et leurs revendeurs ?

Nous aboutissons à deux routes en phase 2 :

Une route pour le recrutement d'un réseau de revendeurs, cette route ne produira pas de revenu, son but est de constituer un réseau de compétences autour du produit :

	Générer la demande	Qualifier les retours	Conclure la vente	Livrer le client	Suivre le client
Résumé de la route	– Lettres de direction	– Centre d'appels –Commerciaux constructeurs	– Grossiste	– Grossiste	– Centre d'appels

Une route pour atteindre les visionnaires :

	Générer la demande	Qualifier les retours	Conclure la vente	Livrer le client	Suivre le client
Résumé de la route	–Commerciaux constructeurs –Commerciaux revendeurs	–Commerciaux constructeurs –Commerciaux revendeurs	– Constructeur – Revendeur	– Constructeur – Revendeur	– Centre d'appels

Au cours de cette phase s'opère une transition. Une route reposant majoritairement sur les ressources du constructeur devient progressivement basée sur les revendeurs. Nous verrons au chapitre suivant sur un exemple ciblant des individus et non pas des entreprises, une approche différente pour cette phase 2, qui met en œuvre exclusivement des revendeurs, en l'absence de forces de vente directe, inadaptées pour des décisions individuelles de type consommateurs.

Plus encore que le fait d'attendre des objectifs de part de marché, le succès de cette route est de bâtir tout un réseau de compétences ou de solutions pour faciliter la mise en œuvre et permettre ainsi la transition vers la phase des Pragmatiques.

La phase des pragmatiques : les campagnes orientées « solution »

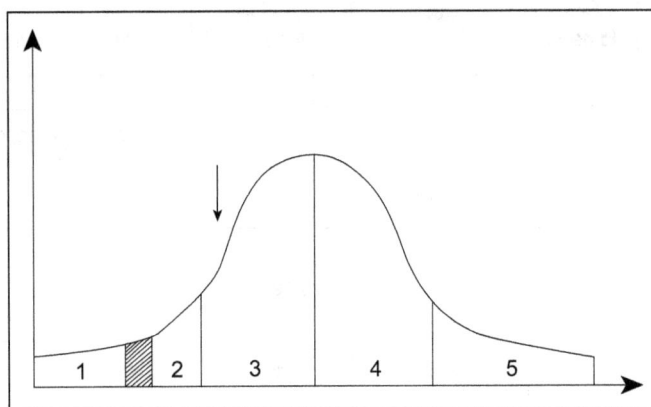

Nous avons un catalogue de solutions, des partenaires compétents, et de bonnes références apportées par les visionnaires. L'objectif de cette phase est de le faire savoir et de faire croître les volumes.

Une erreur courante consiste à croire que les partenaires commerciaux assureront la promotion du produit. Certes ils ont leurs propres ressources de génération de la demande, mais elles sont consacrées à leurs propres objectifs, à leur différentiation par rapport à leurs concurrents. Pour des raisons économiques évidentes un revendeur sert la demande plutôt qu'il ne la crée. Le grossiste, qui n'est pas en contact avec les clients finals, a encore plus cette attitude vis-à-vis de ses revendeurs.

Pour le constructeur, faire l'impasse sur un budget génération de demande risque de faire s'effondrer toute la politique de recrutement des revendeurs et d'empêcher le décollage de la phase 3. Cette règle s'applique aussi bien pour le marché des entreprises, le B2B, que pour le marché des individus, le B2C.

Les campagnes orientées « solution »

Souvenons-nous que le produit, en phase 3, n'est pas encore connu par sa cible. La génération de demande doit s'efforcer de promouvoir son utilisation et répondre à la question : quel bénéfice puis-je en retirer ? Quel problème ce produit va-t-il m'aider à résoudre ?

Une analyse du marché permet d'affiner la segmentation par type d'usage du produit ou de l'offre.

Pour un serveur informatique, on compte les applications, donc les sous-segments par milliers :

- la gestion de l'étude et le suivi des dossiers pour un notaire,
- la gestion d'une officine de pharmacie,
- la gestion des projets pour une entreprise de mécanique,
- la gestion d'entrepôts…

Pour un produit bancaire, on propose également des « solutions » : les prêts personnels bancaires, produit générique, sont promus en termes différents selon que l'on s'adresse à des étudiants, à des acquéreurs d'une nouvelle voiture, à des demandeurs de crédit consommation… L'essentiel de la communication se fait sur le besoin et non sur le contenu.

La technologie, les logiciels sont présentés sous l'angle d'une prestation. Les composants et les caractéristiques techniques n'interviennent qu'en deuxième plan.

La qualification des retours ainsi obtenus doit être effectuée avec des personnes compétentes aussi bien sur l'offre que sur le message délivré au cours de la génération de demande. Nous verrons dans le chapitre suivant que ces principes s'appliquent de la même manière au consommateur individuel.

La génération de demande réalisée par le constructeur s'effectue donc au profit de ses revendeurs, spécialistes d'une solution, avec un style, une charte graphique, des éléments figuratifs et sonores propres au constructeur, commun à toutes les campagnes qui assureront l'homogénéité et finalement, la visibilité du produit.

Certains constructeurs n'hésitent pas à mettre leurs propres visuels de campagnes à la disposition de leurs partenaires pour que ceux-ci les déploient eux-mêmes sur leurs propres bases clients. La discipline et la « mécanique » des routes sont indispensables car les risques de déperdition sont énormes.

Les spécialistes parlent de marketing hybride pour décrire les routes du type suivant :

	Générer la demande	Qualifier les retours	Conclure la vente	Livrer le client	Suivre le client
Résumé de la route	– Campagnes solution	– Centre d'appels – Revendeur à valeur ajoutée	– Revendeur à valeur ajoutée	– Revendeur – Grossiste	– Centre d'appels

Le constructeur lance des campagnes, un centre d'appels qualifie les retours et les transmet au revendeur compétent qui conclut la vente, livre le client, assurent son démarrage et sa mise en œuvre. Un recours téléphonique au constructeur reste disponible par l'intermédiaire du centre d'appels. Le processus de suivi des retours doit être rigoureux : en l'absence d'un contrôle strict, seulement 30 % des retours feront l'objet d'un suivi.

Nous restons dans cette phase des pragmatiques, tant que le produit n'est pas banalisé aux yeux du client qui ne dispose pas encore d'une maîtrise suffisante ni des informations nécessaires, pour dissocier les composants d'une solution et les acquérir indépendamment.

C'est ce dernier critère qui permet de diagnostiquer le passage à la phase suivante.

La phase des conservateurs : de la « solution aux composants »

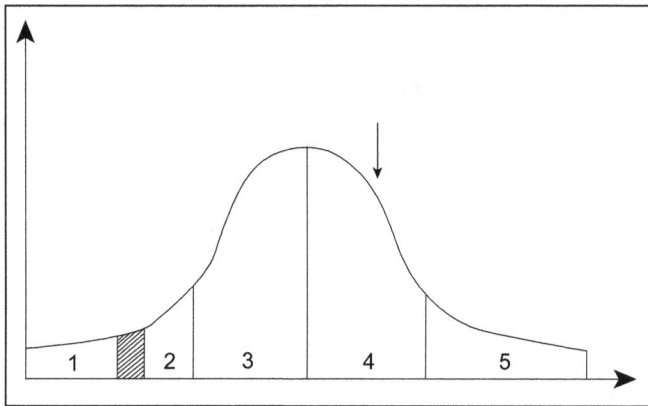

La phase des Conservateurs est plus délicate. C'est au cours de cette période qu'il faut différencier le produit par rapport à ses concurrents, le prix devient une caractéristique importante. Il n'est plus utile de décrire la qualité de l'image d'un écran plat de télévision, désormais, il faut communiquer sur ses dimensions et son prix.

Les campagnes de génération de demande s'adressent donc désormais à des utilisateurs déjà informés. Elles n'ont pas pour objectif de faire connaître une solution. La décision d'achat se prend élément par élément. Le logiciel, le matériel ainsi que les services associés font l'objet de décisions séparées.

Fait significatif : CARREFOUR, géant mondial de la distribution a lancé en novembre 2006, un concours auprès des jeunes diplômés sur la vente de services en grande distribution.

Mal qualifier un retour ou perdre un client sert systématiquement la concurrence, ce qui exige une stricte discipline de suivi des campagnes. Le niveau des stocks chez les grossistes et les *sales-out* des revendeurs sont étroitement surveillés pour ajuster, si nécessaire, la génération de la demande et les prix.

La majorité des produits des constructeurs de PC, de téléviseurs ou des constructeurs automobiles, sont dans cette phase. Ces entreprises suivent les stocks et les ventes sur une base hebdomadaire de manière automatique par une liaison des systèmes informatiques du constructeur et des grossistes.

Il faut réduire régulièrement les coûts de commercialisation pour faire en sorte que les marges soient maintenues. La configuration du réseau évolue. Les revendeurs spécialistes de la « solution » ne trouvent plus suffisamment de marge dans la revente du produit.

La qualification des retours et la conclusion de la vente sont de plus en plus assurées par des revendeurs dont la compétence ne réside plus dans la solution, mais dans la logistique, la facilité d'accès, le choix, un niveau de prix compétitif... Pour les TPME, des grandes surfaces spécialisées jouent ce rôle.

Il faut recourir à une structure de distribution à deux niveaux si elle n'est pas déjà en place, réduire les ressources commerciales d'avant-vente consacrées à ce produit et optimiser les coûts logistiques et administratifs.

On peut résumer la route type de la phase 3 de la manière suivante :

	Générer la demande	Qualifier les retours	Conclure la vente	Livrer le client	Suivre le client
Résumé de la route	– Campagnes produit – Site Internet...	– Centre d'appels – Revendeurs	– Revendeur	– Revendeur – Grossiste	– Centre d'appels

L'alternative de la vente par téléphone

Cette route s'est considérablement développée au cours des dernières années grâce à la sophistication des centres d'appel et d'Internet surtout lorsque le client potentiel connaît bien l'offre et qu'il existe une demande importante. C'est le modèle déployé par DELL dans le domaine des PC :

	Générer la demande	Qualifier les retours	Conclure la vente	Livrer le client	Suivre le client
Résumé de la route	– Campagnes – Site Internet...	– Télévendeur – Internet	– Télévendeur – Internet	– Grossiste ou logisticien	– Centre d'appels

Si, comme c'est le cas pour DELL, l'ensemble de l'entreprise est aligné sur les principes de la vente directe, ce modèle a pour avantage de diminuer considérablement les frais de vente :

- la marge que prend le revendeur est éliminée,
- un constructeur de PC pratiquant un modèle de distribution à deux niveaux comme HP, IBM ou APPLE doit prévoir à l'avance sa production : il lui faut anticiper quels sont les modèles précis que le marché va demander pour planifier sa production. Une des conséquences de ce système est que le

135

constructeur doit financer les stocks intermédiaires qui restent sa propriété avant d'être vendus. Dell par opposition construit ses produits commande par commande. Un tel mode de production n'est possible que lorsqu'un constructeur a bâti une chaîne d'approvisionnement adaptée. Il s'agit d'une pratique courante dans de nombreuses industries comme celle de l'automobile : sous-traitants et producteurs coopèrent pour développer des nouveaux produits et mettre en place des systèmes de production qui permettent de minimiser les inventaires et donc les coûts de fabrication. Dell peut ainsi diminuer considérablement ses frais de production puisque les stocks intermédiaires sont financés par les fournisseurs.

Des entreprises comme HP ou IBM ont d'autres lignes de produits à plus forte valeur ajoutée que les PC, logiciels ou produits matériels plus complexes, qui sont distribués par des routes indirectes classiques. Il est important pour ces constructeurs de maintenir des bonnes relations avec leurs revendeurs à valeur ajoutée. Il est donc délicat d'entrer en concurrence avec ses propres revendeurs en utilisant la vente directe par téléphone ou sur Internet, compromettant ainsi une relation stratégique. Les règles doivent être claires quant à la gamme de produits, le niveau de prix, la cible des campagnes...

Il est particulièrement frustrant pour des téléacteurs d'un centre d'appels d'expliquer à des clients qui souhaitent passer une commande en direct de s'adresser à un revendeur. Il s'agit parfois de revendeurs eux-mêmes qui veulent tester la réalité de la politique du constructeur.

Dell n'a pas ce problème puisque ce constructeur ne se positionne que sur des produits qui répondent aux critères des Conservateurs.

© Groupe Eyrolles

L'arrivée d'un acteur pratiquant la vente par téléphone a comme effet quasi systématique de baisser les prix et donc les marges. Il y a un risque pour le produit de devenir une commodité qui n'intéresse plus les partenaires commerciaux.

C'est pour combattre cette menace qu'il faut identifier des offres additionnelles, souvent, des services, qui compensent la baisse de marge sur le matériel.

C'est ce que font les constructeurs informatiques de PC qui passent par des grossistes, et qui « habillent » leurs machines avec une variété de services : maintenance étendue, réparation sur site, télésurveillance, financement, connections Internet, offres de transfert de données et d'applications d'un vieux PC sur le nouveau… Ces offres sont proposées par les forces commerciales des grossistes et font souvent l'objet de plus de promotions commerciales que le PC lui-même.

La phase des sceptiques : la gestion des prix et des coûts

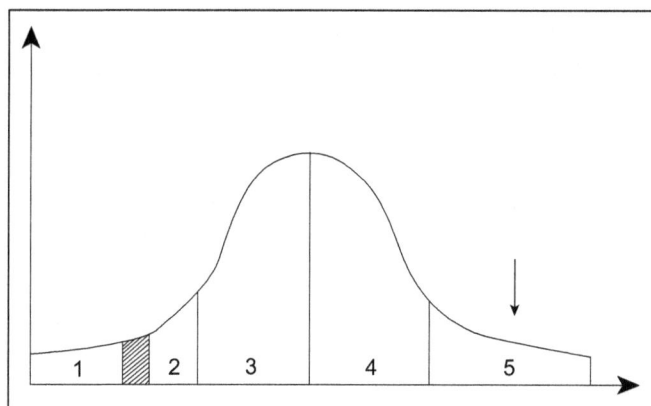

Lors de la dernière phase de la vie du produit où sont ciblés les Sceptiques, l'offre ne subira que des évolutions minimes.

La plupart des revendeurs à valeur ajoutée se sont progressivement désengagés du produit au fur et à mesure de la dégradation de la marge. La distribution évolue vers des enseignes, spécialisées ou non, qui offrent un grand nombre de points de ventes et un flux important de clients :

- soit de type consommateur individuel (Carrefour, Auchan, Tesco...),
- soit de type entreprise avec éventuellement le support de catalogues et de sites Internet (Metro, Office Dépôt...) destinés aux services achats.

La génération de demande est très orientée sur le prix du produit et sur les promotions. Les campagnes seront orchestrées par chaque enseigne de distribution, et éventuellement cofinancées par le constructeur. La qualification des retours et la conclusion se font sur le point de vente ou par les ressources de l'enseigne, disponibles au téléphone et sur Internet.

Les règles sont dictées par le modèle de la grande distribution qui permet au constructeur de se trouver « la où le client achète » en profitant du flux de clientèle généré par l'enseigne dans ses nombreux points de ventes mais aussi dans sa communication à grande échelle. Nous développerons plus en détail ce modèle dans le chapitre suivant.

Les fournisseurs d'accès à Internet, les téléphones mobiles et les opérateurs GSM, les constructeurs de PC, d'imprimantes... ont tous des produits dans cette phase alors que d'autres produits de la même gamme sont encore dans les phases précédentes. Les produits bancaires, les assurances, les crédits à la consommation, les voyages... n'ont pas échappé à cette tendance.

La difficulté réside dans le maintien d'une marge acceptable pour le constructeur ou le fournisseur.

La pression sur les prix est inévitable et le coût d'accès à la grande distribution est élevé. Il impose souvent une distribution à deux niveaux avec l'implication d'un grossiste. Les forces de vente sont réduites à la gestion du canal, effectuée par des spécialistes de cet environnement. Le suivi permanent de la marge constructeur est indispensable de façon à décider en temps voulu l'arrêt du produit et la transition avec le modèle suivant.

En résumé, la route type de la phase 4 peut se résumer comme suit :

	Générer la demande	Qualifier les retours	Conclure la vente	Livrer le client	Suivre le client
Résumé de la route	– Campagnes – Site Internet…	– Point de vente – Revendeur	– Point de vente – Chaînes non spécialisées, Grandes surfaces…	– Revendeur, grossiste ou logisticien	– Centre d'appels

Un exemple malheureux du non-respect des routes

Plusieurs entreprises ont connu des déboires graves qui trouvent leur source dans le non-respect de la méthode des routes.

Un des exemples les plus connu est celui du NEWTON lancé par APPLE en 1992. Il s'agissait du premier assistant personnel, précurseur des Palm et plus tard des Smartphones, Pocket PC… Ce produit sans clavier possédait un système d'entrée tactile avec un logiciel de reconnaissance d'écriture. Les premières versions offraient un taux de reconnaissance tout à fait honorable pour tout enthousiaste qui acceptait de suivre scrupuleusement les recommandations du constructeur. APPLE a donc jugé que les premiers tests étaient suffisamment concluants pour lancer le produit à grande échelle et a décidé de faire passer immédiatement le NEWTON par les routes classiques empruntées par les autres produits de la marque : les revendeurs spécialisés servis par des grossistes informatiques.

En faisant ce choix, APPLE a fait, consciemment ou non, le choix de sauter la phase des visionnaires. Les conséquences ont été dramatiques. Le NEWTON et en particulier ses contraintes de reconnaissance de caractères a été objet de moqueries probablement imméritées des pragmatiques. Les ventes n'ont pas démarré malgré une médiatisation intense (et onéreuse). Le coup de grâce a été porté lorsque SCOTT ADAMS, le créateur de DILBERT a dessiné son personnage fétiche incapable d'écrire des messages cohérents sur son NEWTON.

Il fallait identifier des applications type qui nécessitaient un outil de saisie de données mobiles comme le NEWTON et se concentrer sur ce segment : plusieurs éditeurs de logiciels de gestion d'inventaires avaient développé des programmes dont l'outil de saisie était un NEWTON. Cette phase aurait probablement duré un à deux ans, avant une transition vers une route plus orientée grand public. C'est exactement ce qu'ont fait, ultérieurement, les fondateurs de PALM avec le succès que l'on connaît.

Après ce fiasco, le conseil d'administration d'APPLE a demandé le départ de JOHN SCULLEY, PDG de l'époque, connu pour avoir remercié STEVE JOBS à son arrivée chez APPLE. Il a été remplacé par un vétéran de la SILICON VALLEY qui n'a pas réussi son intégration et qui a rapidement laissé sa place à... STEVE JOBS lui-même.

Ne pas respecter la dynamique des routes peut avoir des conséquences graves pour une entreprise et son management.

**Ce chapitre a présenté quelques routes type
en prenant des exemples essentiellement dans le B2B,
nous aborderons avec plus de détails
le chapitre suivant les routes type du B2C.**

Chapitre 5

L'exemple de la genèse des oreillettes sans fil

C'est toujours un challenge de passer de la théorie à la pratique. L'ambition de la méthode des routes est de fournir un outil pragmatique et opérationnel pour les cadres qui occupent des postes de responsabilité dans l'entreprise et qui souhaitent optimiser l'efficacité du processus de commercialisation dans son ensemble.

Il nous est apparu nécessaire de dérouler un exemple complet de bout en bout. Il s'agit d'une expérience bien réelle, vécue, dont les chiffres ont été modifiés mais restent vraisemblables sans refléter la réalité détaillée d'une entreprise particulière.

Nous avons retenu comme exemple une oreillette téléphonique pour plusieurs raisons :

– C'est un produit facile à cerner et connu de tous.

– Le cycle du produit est court : quelques mois.

– Les acteurs intervenant dans la route sont multiples et variés.

1. Le marché des oreillettes

Dès le lancement des téléphones mobiles est apparu le besoin de pouvoir disposer d'une oreillette qui permette à l'utilisateur de conserver les mains libres pendant une communication téléphonique. Tout le monde se souvient d'avoir vu déambuler dans les longs couloirs d'aéroport des gens curieux qui donnaient l'impression de parler tout seul, phénomène qui ne surprend plus personne aujourd'hui. Autre facteur déclenchant, l'utilisation d'un téléphone en conduisant, s'étant révélée dangereuse, dans de nombreux pays, les pouvoirs publics ont rendu obligatoire l'utilisation d'oreillettes en voiture.

Une famille de produits est née, enrichie de nombreux dispositifs additionnels grâce à la créativité des ingénieurs : un filtre anti-bruit pour améliorer la qualité du son transmis à l'interlocuteur, la possibilité de prendre un appel ou de raccrocher, voire de régler le volume du son, sans intervenir sur le portable resté dans une poche, par l'intermédiaire de touches placées sur le fil de l'oreillette. Les designers ont également contribué à faire de ce dispositif de véritables accessoires de mode.

Concentrés sur leurs propres produits, les fabricants de téléphones ont laissé le marché des accessoires à des fournisseurs spécialisés.

Plusieurs phénomènes se sont conjugués pour bouleverser ce marché naissant. Du point de vue des consommateurs, plusieurs associations se sont posé la question de savoir si la proximité d'un téléphone mobile avec l'oreille, donc avec le cerveau, était nocive. Ce problème n'est toujours pas tranché, mais en application du principe de précaution, les fournisseurs de téléphone ont été amenés à fournir gratuitement des oreillettes avec leurs téléphones portables. Le marché du bas de gamme a donc disparu immédiatement au profit des producteurs chinois d'oreillettes, capables de les produire et de les vendre en grande quantité aux fabricants de téléphones pour quelques centimes d'euros. L'impact sur le marché des oreillettes s'est révélé très positif car l'ajout systématique de cet accessoire avec les téléphones lui a donné une crédibilité et une visibilité inespérée, alors qu'il était, jusqu'alors, adopté par un marché limité. Convaincus des apports fonctionnels d'une oreillette et déçus par la qualité de celle fournie en standard, de nombreux consommateurs ont eu recours à des modèles plus évolués : alors que les seuils de prix acceptables étaient précédemment limités à 30 € environ, certains modèles à succès se sont vendus à des prix allant jusqu'a 50 €.

L'émergence de Bluetooth : ERICSSON a développé en 1994 la technologie de communication sans fil Bluetooth, particulièrement bien adaptée à la téléphonie. Ce protocole permet de transmettre un signal, à une portée de l'ordre de quelques mètres, pour un coût réduit et sans demander une source d'énergie élevée. Cette technologie a permis de concevoir le concept de réseau personnel reliant les composants utilisés par un individu : PC, téléphone, imprimante, accessoires... Les experts ont débattu à n'en plus finir sur les mérites de cette norme par rapport au Wi-Fi prisé par les informaticiens. La conviction des constructeurs européens de téléphones mobiles, maîtres de ce marché a conduit ERICSSON, dans un premier temps, puis tous les autres fabricants de téléphones mobiles à intégrer une liaison Bluetooth dans leurs modèles de haut de gamme puis sur l'ensemble de leurs appareils. Le marché des téléphones mobiles était l'objet d'une concurrence forte, le « sans-fil » venait à point nommé pour permettre une différenciation. La disponibilité de cette fonctionnalité en standard sur des millions de téléphones rendait ainsi possible la création du marché des oreillettes sans-fil.

La publication par ERICSSON de ses travaux sur Bluetooth a incité de nombreux fabricants à l'utiliser et à participer à son évolution au sein d'un consortium le « Bluetooth Special Interest Group ». L'oreillette Bluetooth s'inscrit dans ce contexte technologique, réglementaire et marketing : l'utilisation sans fil d'une oreillette sur la base d'un protocole normalisé, ouvert et commun à tous les téléphones.

Les responsables du marketing ont identifié un challenge significatif lié à la conception. Il fallait définir un produit qui puisse conserver des qualités ergonomiques, en particulier de ne pas dépasser 18 grammes pour rester confortable lors d'une utilisation prolongée. Il faut pourtant y inclure une batterie suffisamment puissante, donc d'un certain poids pour que l'oreillette ait une autonomie suffisante. Le volume et le look de l'appareil, plus imposant que les dispositifs à fil, doivent rester acceptables pour les utilisateurs. Enfin, le prix public initial ne doit pas dépasser les 200 €. Les espoirs de réduction de prix sont très limités sur une période de six à neuf mois en raison du prix élevé des puces Bluetooth.

Les premières maquettes, non fonctionnelles, permettent de tester la forme, le poids, le confort avec les différentes catégories de population. Les essais en laboratoire de la technologie, en cours de mise au point et les tests de compatibilité avec les téléphones du marché sont encourageants.

Nous sommes en novembre 2001, PLANTRONICS, le leader mondial des micro-casques téléphoniques et GNN, son concurrent européen, prennent simultanément la décision de lancer un produit disponible en volume pour les utilisateurs dès la fin de l'année suivante. Ceci signifie en termes de rétro-planning une introduction en septembre, le lancement de la commercialisation en juillet, l'annonce au printemps de la même année 2002.

Comment commercialiser un produit de ce montant inhabituel pour cette catégorie d'accessoire ? Les réponses viendront de l'analyse des routes.

2. Première question : quel est le couple segment-produit ?

Le produit est maintenant bien cerné. Les délais accordés au développement du produit par les impératifs de commercialisation ne permettent pas d'envisager une famille de produits à court terme. Le lancement se fera donc sur la base d'un seul modèle. L'important est de ne pas rater la période fatidique du dernier trimestre 2002, imposé par la concurrence et le marché.

Le segment majeur du produit est constitué par les « cadres mobiles » qui peuvent décider et acheter eux-mêmes le produit sans passer par une commande effectuée par le service achat de leur entreprise.

Une de leurs caractéristiques est d'être constamment en mouvement, et de passer du temps dans les aéroports avec les mains encombrées ou conduisant leur voiture. Ils sont à tous les niveaux de l'entreprise, commerciaux et dirigeants. Leur téléphone est souvent fourni par l'entreprise, mais ils se feront éventuellement rembourser les accessoires.

Ils ne sont pas spécialistes du téléphone, mais ils sont des utilisateurs avertis, familiers des solutions mobiles. Ils n'ont pas de temps à consacrer pour la formation au produit et doivent disposer d'une assistance immédiate. Ils sont sensibles à leur apparence et l'utilisation d'un accessoire voyant doit être valorisante.

3. Deuxième question : quel est l'écosystème de ce segment ?

Nous avons vu que pour le segment visé, l'utilisateur décide pour lui-même et par lui-même. Les cercles concentriques de l'écosystème se limitent donc aux niveaux des influenceurs.

Les cadres mobiles sont très attirés par les équipements qui leur permettent de rester en contact avec leur société, leurs clients et leur domicile. Le succès des équipements mobiles n'est pas à démontrer. Le cadre mobile fait donc preuve de curiosité sur ce sujet dans les médias et sur les lieux qu'il fréquente.

La presse quotidienne mais surtout les magazines représentent un support efficace pour présenter le concept et les produits. Pour une description plus détaillée, la presse spécialisée du téléphone et de l'informatique peut satisfaire les plus accros de technique. Ces parutions ont également le mérite de mobiliser les « collègues » qui représentent l'influenceur le plus important pour notre cible.

Notre « cadre mobile » sollicite également l'avis des magasins, voire des grandes surfaces spécialisées où il achète ses accessoires PC, son téléphone, sa télévision et autres équipements électroniques de la maison. L'information recueillie sur Internet vient compléter cet éventail de sollicitations autour de l'oreillette sans fil Bluetooth.

Ce portrait robot va nous permettre de cerner les acteurs les plus efficaces pour contribuer à la route, mais il faut également prendre en compte la maturité du produit au cours de son cycle de vie :

- au sein du segment des cadres mobiles, nous devons dans la phase 1 du produit séduire les « techies », les enthousiastes de la nouveauté,

- dans la phase 2, les visionnaires assureront le décollage des ventes,

- et les pragmatiques de la phase 3 garantissent les volumes.

4. Troisième question : quelles sont les dates probables de changements de phases au cours de la vie du produit ?

Ce type de produit a un cycle de vie relativement court, de l'ordre de 9 à 12 mois. Le planning de fabrication, contraint par la disponibilité des puces Bluetooth, prévoit les premières livraisons en juin avec une montée en charge progressive au cours de l'été et des grands volumes disponibles à partir de fin septembre :

- les « techies » de la phase 1 sont donc susceptibles d'acheter en juin-juillet,

- les visionnaires achèteront en octobre,

- et les pragmatiques lors des achats de fin d'année.

5. Le dessin des routes de l'oreillette bluetooth

Nous allons, ci-après, dessiner une route pour chaque phase de la vie du produit, chacune des routes comportant 5 étapes.

Pour la facilité de lecture, nous reprendrons un symbole graphique, au début de chaque étape et de chaque phase, situant le produit sur la courbe de vie et la position de l'étape sur la route :

Phase 1 : les enthousiastes

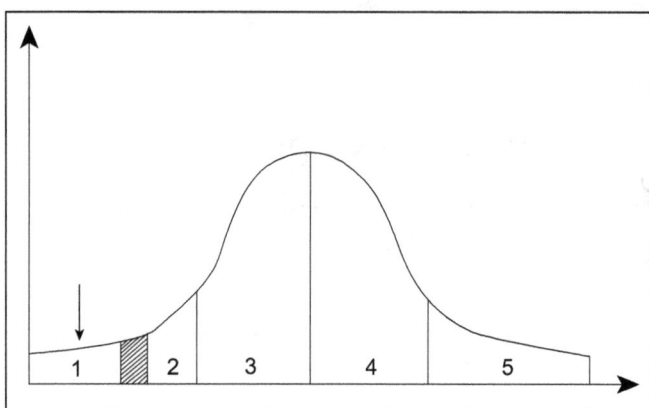

En juin-juillet, phase 1 du produit : nous ciblons les cadres mobiles « enthousiastes » pour la nouveauté.

Phase 1 – Étape 1 : Générer de la demande

Générer la demande	Qualifier les retours	Conclure la vente	Livrer le client	Suivre le client

D'après l'étude de l'écosystème, nous serions tentés de recourir à de la publicité dans les magazines, mais le coût d'une campagne est trop élevé pour ce produit dont la cible se limite à quelques dizaines de milliers d'enthousiastes en Europe. Cette approche ferait exploser le ratio dépenses sur revenu. Une erreur à ne pas commettre consisterait à communiquer trop tôt auprès des pragmatiques de la phase 3. L'efficacité d'une telle opération serait forcément limitée si les enthousiastes de la phase 1 et les visionnaires de la phase 2 ne sont pas encore mobilisés.

Il faut d'abord informer les médias professionnels du téléphone et de l'informatique ainsi que la communauté des prescripteurs, installateurs grossistes et revendeurs de technologie. C'est parmi eux que se trouvent les « enthousiastes » et c'est grâce à eux que nous atteindrons les « visionnaires » de la phase 2 à l'automne.

Pour un produit disponible en petite quantité en juin, il faudrait idéalement être dans la presse spécialisée ou dans les suppléments technologies de la grande presse en avril et en démonstration en mai. Quel est le meilleur moyen de mobiliser la presse sur un accessoire téléphonique, fut-il Bluetooth ? La réponse sera donnée avec le salon européen de la technologie, le CEBIT d'Hanovre qui s'enorgueillit d'attirer le plus grand nombre de visiteurs au monde pour un salon consacré à la technologie.

Le CEBIT constitue une plateforme idéale pour procéder à l'annonce d'un nouveau produit positionné comme l'interface humaine du réseau local personnel Bluetooth. Ceci devrait assurer des articles rédactionnels dans la presse européenne, voire mondiale et contourner le problème d'une campagne de publicité dans chaque pays. Les progrès récents dans la mise au point des puces Bluetooth ont confirmé par ailleurs l'engouement des constructeurs de téléphone et un déferlement de dispositifs Bluetooth est prévu à ce même salon.

Il faut veiller à positionner le stand du constructeur dans cet immense salon aux multiples bâtiments sur le trajet des amateurs de téléphones portables. Une liste précise de journaux est établie pour convier leurs représentants à une conférence de presse sur le site. C'est un pari risqué de tenter de réunir des journalistes pour leur parler d'oreillette sans fil, alors qu'ils sont sollicités par ailleurs par des grandes compagnies telles que Siemens, Alcatel, Ericsson, Nokia…

Les résultats sont concluants, non seulement en ce qui concerne la participation effective des journalistes mais également sur la couverture de l'« événement » dans leurs colonnes.

À ce stade, la cible des « enthousiastes » est suffisamment couverte. Durant 4 semaines environ, les médias diversifiés ont relayé l'information de manière étalée dans le temps. L'information était publiée dans la journée de la conférence de presse sur Internet, les quotidiens quelques jours après et les revues spécialisées au cours du mois.

En utilisant la méthodologie décrite au chapitre 3 sur la mesure de la couverture de presse, on estime à plus de 5 millions de personnes au niveau européen la couverture générée par les seuls médias imprimés au cours du deuxième trimestre avril-juin.

Le coût total de cette « opération Cebit » et du suivi de la presse se monte environ à 200 000 €, ce qui couvre les frais de location et d'aménagement d'un stand, l'organisation et le suivi d'une conférence de presse. Seul le temps passé par les ressources internes de l'entreprise n'est pas inclus.

Phase 1 – Étape 2 : Qualifier des retours

Générer la demande	Qualifier les retours	Conclure la vente	Livrer le client	Suivre le client

© Groupe Eyrolles

Grâce à la présence de plus de 60 journalistes à sa conférence de presse, Plantronics a bénéficié d'une couverture quasi systématique dans plusieurs médias de chaque pays européen y compris ceux de l'Europe de l'Est. La deuxième étape ne doit pas décevoir les « enthousiastes ». Ils veulent en savoir plus, il faut entretenir leur curiosité.

L'écosystème de notre cible a identifié Internet comme média privilégié de l'information mais aussi les revendeurs de téléphones et les grandes surfaces spécialisées.

En priorité, dès la sortie de la conférence de presse et pas avant, le site Web de la société en reprend les éléments essentiels. Il faut également mobiliser les spécialistes, y compris les chaînes spécialisées chez qui nos « enthousiastes » chercheront de l'information.

Souvenons-nous que nous n'avons rien à vendre avant juin, et que nous sommes encore en avril. Il faut rendre le produit « visible » et recueillir les fruits de la couverture de presse. L'analyse de l'écosystème fait retenir un canal privilégié de distribution de produits technologiques avancés que sont les chaînes comme FNAC, DIXONS, MEDIA MARKT... Ces distributeurs assureront le suivi d'annonce auprès des « enthousiastes ».

Chacune de ces enseignes reçoit des maquettes qui permettent de voir la forme, la couleur, le poids et de décrire le principe de fonctionnement. Ces échantillons ne coûtent que quelques euros. Ils sont faciles à produire et ne ralentissent pas la mise au point du vrai produit. Ils seront exposés, accompagnés d'un descriptif, dans les rayons des magasins qui se sont engagés à commercialiser le produit. Ils figurent également en bonne place dans les magazines de l'enseigne qui sortent en mai-juin sous la rubrique nouvelles technologies, sans mention spécifique d'une référence produit. Par ce biais, 80 % de la cible recherchée, à savoir les enthousiastes, disposeront d'informations avancées.

Phase 1 – Étape 3 : conclure la vente

Générer la demande	Qualifier les retours	**Conclure la vente**	Livrer le client	Suivre le client

La vente aux « enthousiastes » doit se dérouler dans des conditions qui respectent les attentes de cette cible : achat technique, conseillé, innovant… L'objectif n'est pas de réaliser des volumes trop importants, trop tôt, faute de quoi on banalise le produit trop vite et le rôle d'entraînement joué par les « enthousiastes » ne se réalisera pas.

La priorité est donnée aux points de ventes susceptibles de réaliser un bon merchandising du produit, de le rendre visible et disposer d'une force de ventes capable de l'expliquer et de s'engager sur un plan de marketing jusqu'en décembre, préparant ainsi les phases suivantes de la vie du produit. Le nombre de points de vente sera limité aux capacités disponibles pour ne pas frustrer la demande.

La logistique de ces points de vente requiert l'implication d'un grossiste. Un plan marketing sera établi avec chaque enseigne, le grossiste et le constructeur, PLANTRONICS en l'occurrence.

Des outils de formation sont mis en place pour la force de vente interne et externe, positionnant l'oreillette sans fil non pas comme un simple accessoire téléphonique mais redéfinissant les rapports de l'individu communiquant et déclinant ainsi la mise en œuvre du réseau personnel Bluetooth.

La réalisation de cette étape est confiée à l'équipe de vente en charge du réseau de distribution, à raison de 30 % de son temps, la majorité de ces visites étant effectuée dans le cadre du suivi commercial régulier.

Les cibles à couvrir demandent un effectif de 10 personnes pour 3 mois à 30 % de leur temps soit 30 mois-homme, valorisé à 100 000 € incluant l'encadrement de la force de vente. Les frais pour la documentation fournie par le marketing pour le support de ces actions (présentations et documentations produit) se montent environ à 50 000 € après traduction.

Phase 1 – Étape 4 : Livrer

Générer la demande	Qualifier les retours	Conclure la vente	**Livrer le client**	Suivre le client

Le circuit administratif standard peut être appliqué sous contrôle des ventes qui doivent vérifier la conformité des quantités mises en livraison par rapport aux engagements définis dans les plans marketing signés avec les distributeurs et les grossistes.

Les conditions financières sont celles du contrat de distribution. On applique donc à cette étape les coûts administratifs standards.

Phase 1 – Étape 5 : Suivre le client

Générer la demande	Qualifier les retours	Conclure la vente	Livrer le client	**Suivre le client**

Il faut fournir de l'assistance à l'utilisateur final ou éventuellement au revendeur pour son client.

L'analyse de l'écosystème nous a indiqué l'importance pour notre cible d'une assistance facile à joindre et disponible. Une nouvelle technologie telle que Bluetooth peut réserver des surprises. Il s'agit de faire communiquer le logiciel de l'oreillette avec celui du téléphone. Ce n'est déjà pas aisé quand les deux éléments sont mis au point par le même développeur. C'est encore plus délicat quand il s'agit de deux protagonistes qui utilisent une norme encore jeune : le protocole Bluetooth.

Une estimation statistique conduit à prévoir un trafic quotidien de l'ordre de quelques dizaines d'appels seulement avec une montée en charge jusqu'à 100 appels. Le choix se porte sur la mise en œuvre d'un centre d'appels centralisé, permettant de prendre les appels en cinq langues sur une tranche horaire de 12 heures par jour, 6 jours sur 7. Le coût initialement prévu de 30 € par appel, se stabilise à 20 € par appel en période de croisière. Ce coût est marginal au premier trimestre puisque les livraisons ont lieu en juin puis représentera 100 000 € pour les trimestres suivants.

La mise en œuvre comprenant la formation initiale des opérateurs et la mise en place des processus de suivi représente un investissement d'environ 30 000 €.

Les distributeurs sont par ailleurs confortés dans leur prescription, sachant que le client n'aura pas la tentation de rendre l'oreillette s'il ne parvient pas à l'utiliser. La force de vente et les techniciens ne seront pas envahis d'appels pour lesquels ils ne sont pas formés.

Ce centre constituera par ailleurs un canal privilégié d'informations sur les réactions des utilisateurs. Passer quelques heures par mois dans tout centre d'appels client est un exercice recommandé à tout l'encadrement d'une entreprise, en particulier à ses dirigeants. C'est plus efficace, moins cher et combien plus instructif qu'un séminaire qui parle de l'écoute client.

En résumé, la route que nous venons de décrire pour la phase 1 des oreillettes Bluetooth pour s'adresser au segment des « enthousiastes » des cadres mobiles peut se représenter comme suit :

	Générer la demande	Qualifier les retours	Conclure la vente	Livrer le client	Suivre le client
Résumé de la route	– Salon CEBIT – Site Internet – Rédactionnel	– Chaînes spécialisées – Internet	– Chaînes spécialisées	– Grossiste – Distribution	– Centre d'appels

Le chiffrage de la route s'établit comme suit :

- Prix public : 200 €

- Période : avril-juin

- Volume : 1 800 unités

- Revenu constructeur : 180 000 €

	Générer la demande	Qualifier les retours	Conclure la vente	Livrer le client	Suivre le client
Chiffrage de la route	200 000 €	Marginal	150 000 €	Marginal	30 000 € (mise en place du centre d'appels)

À ce stade un calcul du ratio dépenses sur chiffres d'affaire est évidemment non significatif, mais ces dépenses seront consolidées avec celles des autres phases du produit.

Phase 2 : les visionnaires

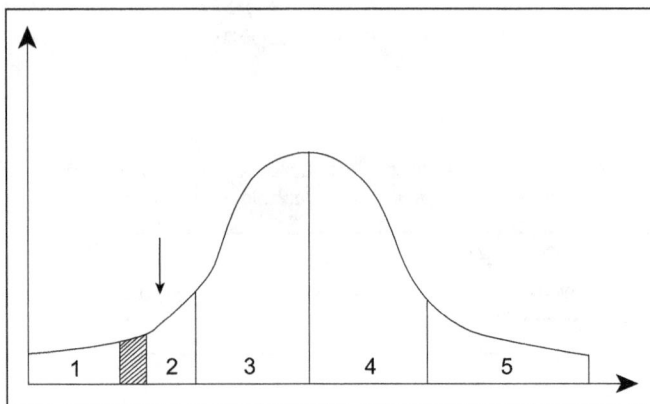

Cette phase correspond au début de la montée en charge pour les volumes. Elle doit commencer environ un mois après la « découverte » du produit par les enthousiastes.

Le produit est maintenant disponible en plus grande quantité : 10 000 en juillet, 10 000 en août et 50 000 en septembre. Ces quantités ne permettent pas un lancement systématique en Europe. Il faudra également compter avec un délai de mise en place après livraison de l'ordre de 3 semaines pour que le produit figure sur les rayons des points de vente sélectionnés.

Une priorité est établie pour servir les pays où le marché est le plus demandeur et où l'activité ne se ralentit pas pendant la période estivale : l'Angleterre qui travaille pendant l'été, puis les pays Nordiques en août, enfin l'Allemagne mi-août et les pays latins début septembre.

Phase 2 – Étape 1 : Génération de demande auprès des visionnaires

Générer la demande	Qualifier les retours	Conclure la vente	Livrer le client	Suivre le client

Nous ciblons toujours dans cette étape, les cadres mobiles mais plus particulièrement les plus innovants et dynamiques pour leur propre équipement.

Nous avons vu qu'ils l'achètent eux-mêmes et souvent se font rembourser par leur entreprise. Nous sommes en juillet. Depuis l'annonce faite au CEBIT à Hanovre, le web a traité du sujet dès le mois de mars, les quotidiens début avril, puis les magazines en avril-mai. Des analyses et des présentations sont parues dans les « news » de leurs enseignes préférées. Ils ont certainement vu un échantillon du produit en passant chez DIXONS, FNAC, MEDIA MARKT...

À ce stade l'image de l'accessoire de téléphone est dépassée, la crédibilité du concept est avérée. La demande est latente et il faut se concentrer sur la qualification des retours pour déclencher l'acte d'achat.

N'oublions pas que le produit, même s'il est connu, est toujours en disponibilité restreinte. Il est en effet réservé à un petit nombre de magasins, sélectionnés pour leur capacité à rendre le produit visible et crédible, dans le but de servir les « enthousiastes ». L'objectif n'est pas de vendre en volume et de courir le risque d'une rupture de stock décevante.

La priorité est donc donnée à la mise en place d'un canal de distribution pendant l'été, sans recourir à des actions de génération de demandes supplémentaires, les 20 000 pièces étant à

peine suffisantes pour couvrir les besoins des revendeurs européens avant mi-septembre. Une partie du stock est conservée
pour réassortir les magasins pilotes déjà fournis. Les ventes quotidiennes sont suivies semaine par semaine. La mise à disposition
des « *sales-out* » (les chiffres de vente hebdomadaires) est une des
conditions à remplir pour bénéficier des premières livraisons.

Phase 2 – Étape 2 : Qualification des retours

Générer la demande	Qualifier les retours	Conclure la vente	Livrer le client	Suivre le client

La cible des cadres mobiles est très large. La loi de la proximité
s'applique et il faut, comme le dit le vieil adage, être présent là
où les clients achètent.

Les plus visionnaires achèteront les premiers dans les magasins
spécialisés s'ils voient le produit « dont on parle », si le packaging parvient à les convaincre que les bénéfices apportés par le
produit méritent 200 €. C'est la première fois qu'un accessoire
téléphonique coûte plus cher que le téléphone lui-même. Il
dispose de sa propre gamme d'accessoires associés : support pour
la voiture, chargeur, housse… Il est universel pour tous les téléphones.

Le packaging est fondamental pour déclencher l'acte d'achat dans
les points de vente, spécialisés ou non. L'intervention du vendeur
pour prescrire une marque plutôt qu'une autre est importante
mais le choix d'acheter un dispositif sans fil sera fait, *a priori*, par
le client lui-même.

Le vendeur « ne vendant bien que ce qu'il connaît », la formation
des points de vente est fondamentale. Les chaînes sont sélection-

nées en fonction de leur capacité à gérer un déploiement progressif, en commençant par les points de vente les plus pointus techniquement.

Les dimensions du packaging et le prix du produit font courir le risque qu'il ne soit pas présent sur des étagères et reste cantonné derrière le comptoir. Les premières observations sur le terrain le confirment. Dans ce cas, le packaging n'aura pas l'impact attendu.

Le marketing a réagi dans l'urgence en fournissant gratuitement aux points de vente, via les grossistes, des blisters factices reprenant l'essentiel des messages du packaging, qui peuvent être mis en rayon et qui remplissent leur rôle d'information et de qualification de la demande. Le site web s'enrichit des articles de presse et, progressivement, de la liste des points de vente par pays.

Les coûts de cette étape s'élèvent à :

- 25 000 € pour les études de packaging et les tests en situation,

- 15 000 € pour l'amélioration du site web pour les partenaires ainsi que les modules de formation et les mises à jour.

Phase 2 – Étape 3 : conclure la vente

Générer la demande	Qualifier les retours	Conclure la vente	Livrer le client	Suivre le client

« Être là où le client achète » telle est la stratégie pour ce couple segment-produit pour lequel l'essentiel de la génération de la demande est faite en amont. La proximité de cet utilisateur particulier nous est offerte par deux types de chaîne de distribution.

• Les revendeurs de téléphones

Qu'ils soient propres à un opérateur (SFR, O2, VODAFONE...), ou multi-opérateurs : FNAC, DIXONS, CARPHONE WAREHOUSE..., leur motivation est de justifier les téléphones Bluetooth haut de gamme. L'oreillette sans fil est un accessoire qui fait vendre ce téléphone car il n'existe pas d'autres utilisations concrètes du protocole sans fil.

Certains fabricants comme PHILIPS proposeront des offres packagées avec une marge réduite pour promouvoir leur téléphone. ERICSSON lance une oreillette sous sa propre marque dans la même période, NOKIA suivra quelques mois plus tard. Les Asiatiques proposent des produits en OEM, sans crédibilité.

Ces points de vente spécialisés ont une force de vente compétente grâce à des sessions de formation régulières. Leur politique commerciale et leur merchandising sont très stricts, mais leur pouvoir de prescription et de qualification est important.

Dernière caractéristique importante pour cette phase, ces revendeurs respectent les tarifs recommandés par le constructeur et ne cherchent pas à se concurrencer par les prix, afin de ne pas risquer la commoditisation du produit. Ils n'investissent que dans des produits qui leur procurent une marge confortable.

La plupart des chaînes spécialisées sont livrées par l'intermédiaire de leur grossiste d'accessoires afin de respecter leurs contraintes logistiques et de ne pas multiplier leurs interlocuteurs. Dans ce cas le grossiste ne joue aucun rôle de recrutement, les accords et le plan de marketing étant définis directement avec la direction produit de l'enseigne.

Il arrive qu'en Angleterre et en Allemagne le management de toute une catégorie de produits soit confié par une enseigne à un seul grossiste. Celui-ci doit s'engager sur un chiffre d'affaires et un profit. Il gère lui-même la sélection des produits, leur merchandising et leur réapprovisionnement dans les rayons. Même dans ce cas, il est important de conserver le packaging et le logo du constructeur. La mention de la ligne d'appel client pour une assistance doit être en évidence sur les modes d'emploi.

Il faut beaucoup de concertation avec les grands acteurs de la distribution pour harmoniser les couleurs et définir les dimensions, le poids, le système d'accrochage, les dispositifs de détection antivol, les codes-barres... Ces éléments ne sont pas des détails de logistique mais des choix stratégiques importants pour accéder au marché. Ils représentent un vrai défi pour tout constructeur qui veut conserver un produit unique pour l'Europe car ces éléments ne se normalisent que très lentement.

Le déploiement est planifié en accord avec les enseignes qui connaissent de façon assez précise le profil de leur clientèle pour privilégier les magasins fréquentés par la cible des cadres mobiles « visionnaires » : points de vente d'aéroports, points de vente des zones de bureau...

• *Les chaînes de distribution de produits technologiques*

Il s'agit d'enseignes qui ont la capacité et la volonté de prodiguer des conseils. Ils sont typiquement multiconstructeurs et friands d'introduire de nouveaux concepts et de nouveaux produits. Ils maintiennent un niveau élevé de communication avec leurs clients. C'est typiquement le modèle de la FNAC, DIXONS, MEDIA MARKT...

Ces points de vente bénéficient d'un trafic élevé et d'une grande capacité de merchandising. Leur personnel a un taux d'attrition assez faible comparé aux grandes surfaces généralistes, ce qui améliore pour un fournisseur la rentabilité d'une formation.

La concurrence ne s'exerce pas sur les prix : tous les réseaux de distribution se doivent de respecter la politique de prix du constructeur, faute de quoi ces enseignes qui communiquent sur le slogan « vous serez remboursés si vous trouvez moins cher ailleurs », seraient contraintes d'abandonner le produit.

Ces grandes chaînes doivent être recrutées pays par pays. Le produit est testé à la vente pendant l'été dans des points ventes sélectionnés, chaque chaîne décidant en septembre d'intégrer ou non ce produit comme un article phare pour les fêtes de fin d'année.

Le constructeur doit se soumettre au cycle de sélection et de décision des produits figurant au catalogue et dans les promotions de fin d'année. Il est parfois difficile de faire comprendre aux usines et au développement que si ces échéances ne sont pas respectées à un mois près, ce planning risque de reculer le cycle produit d'au moins 6 mois, voire un an. Durant cette période, la concurrence et le marché n'auront pas attendu !

Dernier élément, le temps passé par la force de vente à ce déploiement est estimé à 30 % de son temps soit 100 000 €.

Phase 2 – Étape 4 : livrer le client

Générer la demande	Qualifier les retours	Conclure la vente	Livrer le client	Suivre le client

L'adage « être là où le client achète » vaut également pour la logistique.

Livrer des points de vente en respectant les règles et les processus de la distribution est un métier particulier. Le choix du grossiste revient à l'enseigne qui indique avec qui elle veut travailler pour cette catégorie de produit. Le grossiste ayant par ailleurs d'autres clients, il est à même de développer un marché complémentaire.

Ce modèle à deux niveaux est à manipuler avec prudence. Il est en effet d'usage courant de retourner au constructeur les produits invendus par le grossiste, voire par les magasins. Le contrat de distribution écarte en général cette possibilité, mais que répondre à un grossiste qui menace de brader son stock au risque de tuer le niveau de prix du produit ou bien qui pratique le chantage pour passer la commande du nouveau produit en cours de lancement ? Les contrats ne sont utiles que devant les tribunaux, il serait naïf d'ignorer que le bon sens ou le rapport de force s'impose finalement.

Les coûts de livraison pour ces quantités réduites de 70 000 pièces sur le trimestre s'élèvent à 35 000 €, frais administratifs inclus.

Phase 2 – Étape 5 : suivi du client

Générer la demande	Qualifier les retours	Conclure la vente	Livrer le client	Suivre le client

La mise en place d'un centre d'appels pour les utilisateurs a été décrite à la phase précédente. La phase 2 est celle de la montée en charge des volumes d'appels.

Un numéro d'appel spécial est dédié aux partenaires. Il est opéré par les mêmes téléacteurs qui répondent au public. Cependant, les revendeurs bénéficient d'un accueil adapté à leurs besoins, apportant des réponses à des questions plus larges touchant au support marketing et non plus aux seuls problèmes techniques.

Le recrutement de plusieurs enseignes par pays, correspondant à plusieurs centaines de point de vente, ne permet plus à la force de vente interne en charge des canaux d'assurer ce rôle de support qui lui était traditionnellement dévolu. Il faut qu'elle consacre son temps disponible non pas à répondre au téléphone mais à des activités à valeur ajoutée : mise au point des plans de marketing avec les enseignes, mise en place des programmes de formation, analyse des ventes hebdomadaires par magasin, mesures correctives...

Internet est un instrument très bien adapté pour la diffusion auprès des partenaires commerciaux de supports marketing. Le site est donc enrichi progressivement, y compris par la création d'une section spécialisée pour les partenaires. Les statistiques d'utilisation, le nombre de téléchargements de telle ou telle présentation commerciale, fournissent de précieux renseignements sur le succès relatif des différents outils proposés par le marketing. Il indique aussi qui sont les partenaires ayant accédé à l'information ou tout simplement à la formation.

La force de vente en possession de ces éléments peut faire des revues de plan de marketing avec ses clients, à condition que ces données soient facilement disponibles et analysées à tous les niveaux de l'encadrement, partagées entre le marketing et les ventes.

Le coût des opérations assurées par le centre d'appels atteint maintenant les 100 000 € prévus.

La route pour la phase 2 du produit ciblant les visionnaires des cadres mobiles peut se résumer comme suit :

	Générer la demande	Qualifier les retours	Conclure la vente	Livrer le client	Suivre le client
Résumé de la route	– Rédactionnel suite CEBIT	– Chaînes spécialisées – Internet	– Chaînes spécialisées	– Grossiste – Distribution	– Centre d'appels

Le chiffrage de la route s'établit comme suit :

— Volume : 70 000

— Période : juillet-septembre

— Revenu constructeur : 7 000 000 €

	Générer la demande	Qualifier les retours	Conclure la vente	Livrer le client	Suivre le client
Chiffrage de la route	Marginal	– Packaging 25 000 € Web partenaires 15 000 €	– Force de vente 100 000 €	35 000 €	100 000 €
	Marginal	40 000 €	100 000 €	35 000 €	100 000 €

À ce stade, le calcul du ratio dépense sur chiffres d'affaires n'est toujours pas représentatif. Le produit est dans une phase de transition dont la bonne exécution conditionne le succès du produit.

Les frais de packaging retenus ne représentent que les frais de développement et de validation. Les frais de fabrication et le conditionnement des produits sont inclus dans les coûts de production.

Les frais de management des canaux, autres que la force de vente interne, seront alloués lors de la phase suivante quand le produit passera en phase 3. Ils regroupent éventuellement des activités comme concours, primes et autres événements.

Phase 3 : les pragmatiques

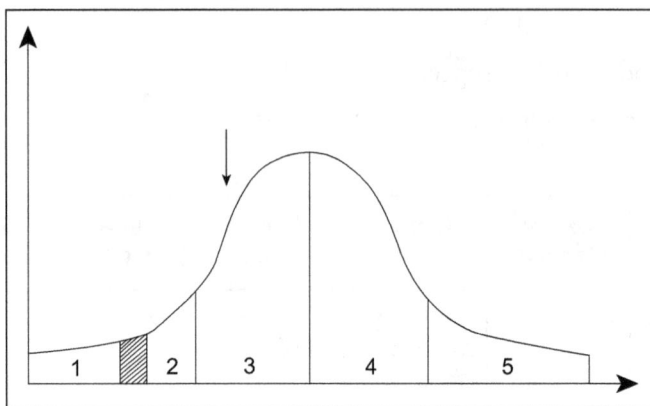

Nous abordons la phase de décollage du produit. C'est maintenant que les volumes doivent se concrétiser si le travail précédent a été bien fait.

Au cours de la phase 1 de mars à juin, les « enthousiastes » et les commentateurs ont donné au produit sa crédibilité et sa visibilité dans les médias. Les premiers distributeurs spécialisés ont assuré un relais de proximité avec les échantillons et les quelques unités en vente.

Au cours de la phase 2 de juillet à septembre, le réseau de distribution teste l'accueil du produit et met en place la formation et le merchandising dans les magasins. Les « visionnaires » s'équipent et jouent leur rôle d'influenceurs.

Au cours de la phase 3, le produit se banalise tout en restant une nouveauté encore peu répandue que l'on remarque chez les utilisateurs. C'est en fin de phase 3 fin décembre que le produit n'éveillera plus la curiosité. Plus personne ne se retournera sur les personnes qui parlent toutes seules dans les rues et les aérogares.

Pour déclencher l'acte d'achat des pragmatiques, une pratique courante dans la distribution est de concéder une promotion pour les ventes de fin d'année, décision importante puisqu'elle affecte la profitabilité attendue. Même si nous sommes en septembre, et en début de phase 3, il faut la décider dès maintenant. La distribution dispose de catalogues, de sites Internet, d'une logistique qui prépare en septembre les fêtes de fin d'année.

Le prix est un élément clé qui contribuera à convaincre les enseignes de retenir le produit sur leurs supports marketing de fin d'année.

Les tests en magasin, au cours de l'été, ont confirmé le bon accueil des visionnaires mais les volumes restent à venir. Les pragmatiques ne veulent pas pratiquer un achat anticipé, réservé aux enthousiastes. Une légère baisse de prix donnera le signal d'une technologie qui est abordable et qui n'est plus « réservée ». C'est un achat moins aveugle, plus réfléchi et enfin raisonnable.

Dans cette optique, une réduction de 15 % est décidée pour les fêtes, sans grand espoir de revenir au prix initial en janvier. Les partenaires commerciaux sont informés confidentiellement qu'une annonce sera faite à la presse mi- novembre, pour obtenir une couverture rédactionnelle juste avant Noël.

Pour éviter l'effet retardateur de cette mesure sur les commandes à court terme, la valeur des stocks des grossistes fait l'objet d'une protection de prix le jour de l'annonce qui consiste à rembourser les moins-values aux grossistes et aux enseignes de distribution.

Pour toucher largement notre segment des cadres mobiles nous n'avons pas le choix, l'accès le plus efficace réside dans les magasins spécialisés et les grandes surfaces de technologie. Au cours de la phase 3 nous avons toujours besoin de prescripteurs en magasin et de préserver l'image qui sied à nos cadres mobiles. Les grandes surfaces généralistes dont le personnel n'est pas formé ni préparé risqueraient de lancer une guerre des prix. Elles sont donc toujours écartées pour cette phase.

Compte tenu de ce choix, il est possible de définir les acteurs qui vont contribuer aux étapes de cette route.

Phase 3 – Étape 1 : Génération de demande

Générer la demande	Qualifier les retours	Conclure la vente	Livrer le client	Suivre le client

Le média le mieux positionné sur notre cible est le magazine hebdomadaire généraliste comme LE POINT, L'EXPRESS ou LE NOUVEL OBSERVATEUR, suivi par les magazines propres à chaque enseigne expédiés aux clients fidélisés. La presse quotidienne et *a fortiori* la télévision, ont un public trop large, dont la rentabilité serait insuffisante.

Les médias propres aux enseignes spécialisées sont mobilisés dans le cadre de l'établissement du plan de marketing établi avec chacune d'elle. Les photos, les informations et des éléments d'article sont disponibles sur le site Internet réservé aux partenaires pour faciliter leur diffusion.

La contribution du constructeur varie selon la politique de chaque enseigne. Elle représente un montant de 200 000 € au niveau européen.

À partir de novembre, les magazines hebdomadaires ouvrent souvent une rubrique « cadeaux utiles » et des suppléments « technologie ». Ce n'est pas de la publicité mais du rédactionnel gratuit. Un journal à grand tirage n'exige pas de participation financière pour figurer dans la liste des produits retenus.

C'est à ce moment qu'il est utile de faire intervenir, dans chaque pays, une agence de presse pour lancer une campagne d'information sur les vertus des oreillettes Bluetooth. Pour être cohérent avec l'écosystème de notre cible, il faut maintenant souligner l'importance de la sécurité grâce à la conduite mains libres et de la santé avec l'éloignement des radiations du téléphone. Ces considérations humaines liées à l'individu, élargissent le champ des applications et emportent l'adhésion des « pragmatiques » qui ne seraient pas encore convaincus par les avantages d'une bonne communication mains libres.

Les rédactions en charge des recommandations de Noël seront une cible privilégiée que les agences de relation de presse démarcheront, munies d'un dossier de présentations et de références scientifiques recueillies par le constructeur.

Un tel programme représente un budget de 70 000 € au niveau européen, aisément mesurable avec la méthode simple que nous avons présentée au chapitre 3, provoquant une saine émulation entre pays.

Afin de préserver le ratio dépense sur revenu, nous n'avons pas acheté de l'espace en vitrines extérieures, proposées habituellement par les enseignes spécialisées ou les opérateurs téléphoniques. Les prix sont élevés à la hauteur du trafic supposé. Cette initiative est laissée aux constructeurs de téléphone bluetooth haut de gamme. On peut espérer en bénéficier lorsque le client sera dans le magasin où il recevra les conseils des vendeurs et sera accroché par le packaging.

Phase 3 – Étape 2 : Qualification des retours

Générer la demande	Qualifier les retours	Conclure la vente	Livrer le client	Suivre le client

En septembre, les munitions sont prêtes, les grands volumes sont disponibles, il faut inonder les magasins et élargir le nombre des enseignes pour multiplier les points de ventes. On se tourne vers DARTY, VANDENBOORE...

Un planning de déploiement est défini avec chaque enseigne et le grossiste concerné.

La logistique doit être synchronisée avec la formation des vendeurs, la mise en place du merchandising et la mise en rayon des produits. Une société spécialisée se charge de la formation sur les lieux de vente dans chaque pays, avec l'accord de l'enseigne.

Certaines enseignes refusent ce mode d'intervention, préférant leur circuit interne.

Quelle que soit la formule retenue, il faut impérativement vérifier les modalités effectives de la mise en place. Un procédé commun dans les pays anglo-saxons consiste à envoyer de faux clients dans les points de vente pour vérifier la formation effective des vendeurs, la présence en rayon... C'est la pratique dite du « *mistery shopping* » fourni par des agences de communication.

Une visite de magasin coûte environ 50 à 100 € et une séance de formation sur site autour de 150 €. Les visites de contrôle seront réservées aux plus grands points de vente avec un objectif de couverture minimum de la moitié d'entre eux.

Le budget total pour le trimestre comprenant une ou deux formations et deux visites de contrôle s'élève à 225 000 €.

Phase 3 – Étape 3 : Conclure la vente

Générer la demande	Qualifier les retours	Conclure la vente	Livrer le client	Suivre le client

Le nombre et la répartition géographique des points de vente sont des éléments fondamentaux pour le succès de cette phase : un suivi hebdomadaire est mis en place au niveau de chaque pays pour recenser les points de ventes ayant fait l'objet d'une formation et le résultat des visites de contrôle.

Ces chiffres sont partagés avec les grossistes et les services centraux des chaînes qui bénéficient ainsi d'un retour sur le niveau d'exécution des décisions prises au niveau central.

Le pari de ne pas recourir à la publicité, contraint à un excellent niveau de qualification des retours et à une densité élevée de points de ventes. Les enseignes les plus avancées disposent de chiffres de ventes quotidiennes par produit et par magasin.

Dès que les performances d'un magasin se dégradent, une analyse s'impose : le vendeur a démissionné et son remplaçant ne connaît pas le produit, ou le stock magasin est en rupture, ou l'accrochage a été modifié… Il faut réagir vite.

Un tableau de bord synthétique, similaire à ceux utilisés pour les produits de grande distribution facilite beaucoup la compréhension du marché par les différents acteurs de l'entreprise. Ce n'est pas un hasard si les opérateurs de téléphonie mobile et les constructeurs de téléphone ont recruté ces dernières années des directeurs en provenance de la grande distribution.

La force de vente est sous pression pendant cette période d'installation du produit dans le réseau. Elle y consacrera les deux tiers de son temps, le dernier tiers étant consacré aux autres produits.

À l'annonce d'un nouveau modèle, on constate un effet d'entraînement au profit des autres produits de la catégorie. L'inverse est également vrai : l'absence prolongée de nouveauté fait sombrer dans l'oubli une gamme de produits.

C'est également au cours de cette période de septembre- octobre que les commandes de fin d'année seront finalisées. L'objectif n'est pas de prendre en commande les plus grands volumes possibles. Trop d'optimisme conduit à des invendus souvent supportés in fine par le fabricant et à l'inverse, constater des ruptures de stocks en magasin est un manque à gagner que la distribution ne tolère pas.

La phase 2 est instructive et permet de bonnes prévisions, une raison supplémentaire de ne pas la négliger.

Le coût de la force de vente sur ce trimestre s'élève à 100 000 €.

L'accueil du produit par le public et par la presse donne confiance, il n'est pas utile de mettre en place une incitation spécifique pour les vendeurs des chaînes de distribution. Le budget relatif aux frais fixes d'animation des canaux n'est pas répercuté dans l'analyse spécifique d'une route, il sera abordé lors de la consolidation des routes au chapitre suivant. Nous ne prenons en compte que les frais spécifiquement imputables au produit.

Phase 3 – Étape 4 : livraison

Générer la demande	Qualifier les retours	Conclure la vente	Livrer le client	Suivre le client

© Groupe Eyrolles

Les grossistes désignés par les chaînes jouent leur plein rôle pour assurer la logistique, respecter les impératifs de livraison des points de vente, assurer la fluidité des stocks, l'équilibrage de la demande d'une chaîne à l'autre et la consolidation des commandes.

Le département ventes n'est pas vraiment impliqué dans la mesure où une dizaine de transactions par pays permettent de couvrir les volumes de ce trimestre. Les coûts d'administration et de livraison ne varient donc pas, au prix du transport près.

La réduction de prix pratiquée le 15 novembre et la protection des prix qui en découle sont entièrement assurées par les grossistes qui connaissent leur stock et, celui de leurs clients. Ils sont donc susceptibles de déclarer, sous réserve de vérification éventuelle, le montant de la compensation à émettre par le fabricant. Cette transaction se traduira par un avoir, ce qui est traité comptablement comme un ajustement de revenu et non pas comme une dépense.

Phase 3 – Étape 5 : suivi client

Générer la demande	Qualifier les retours	Conclure la vente	Livrer le client	Suivre le client

Le centre d'appels poursuit sa mission tant pour les utilisateurs que pour les revendeurs. Le nombre d'appels plafonne malgré les quantités en augmentation, ce qui reflète une stabilisation des produits et une expertise accrue des utilisateurs.

Ceci permet de mettre en place un questionnaire qui est déroulé avec les utilisateurs à l'occasion des appels pour connaître leur satisfaction avec le produit. C'est une enquête précieuse, gratuite ou presque pour mesurer la satisfaction clients. Ceci permet également de restituer des données aux distributeurs sur la satisfaction de leur client comparée à d'autres acteurs du réseau.

Le budget consommé par le centre d'appels reste aux alentours de 100 000 € pour le trimestre.

La route pour la phase 3 du produit ciblant les « pragmatiques » parmi les cadres mobiles peut se résumer comme suit :

	Générer la demande	Qualifier les retours	Conclure la vente	Livrer le client	Suivre le client
Résumé de la route	– Rédactionnel magazines généraux et spécialisés	– Chaînes spécialisées – Internet	– Chaînes spécialisées	– Grossiste – Distribution	– Centre d'appels

Le chiffrage de la route s'établit comme suit :

— Volume : 150 000

— Période : octobre – décembre

— Revenu constructeur : 50 000 pièces à 100 € et 100 000 pièces à 85 €

— Soit un total de 13,750 M€

	Générer la demande	Qualifier les retours	Conclure la vente	Livrer le client	Suivre le client
Chiffrage de la route	Magazines de chaînes 200 000 € Presse 70 000 €	Formation, mise en place	Force de vente 100 000 €	75 000 €	– Centre d'appels
Total	270 000 €	225 000 €	100 000 €	75 000 €	100 000 €

Nous ne retenons que les frais variables imputables à un produit pour optimiser les actions mises en œuvre. Nous ne cherchons pas à établir la profitabilité du produit, mais seulement à optimiser sa commercialisation.

Les dépenses totales au cours de ce trimestre sont de l'ordre de 770 000 € pour un revenu de 18,750 millions soit un ratio provisoire de 4,1 % sans allocation d'aucun frais fixe.

Phase 4 : les conservateurs

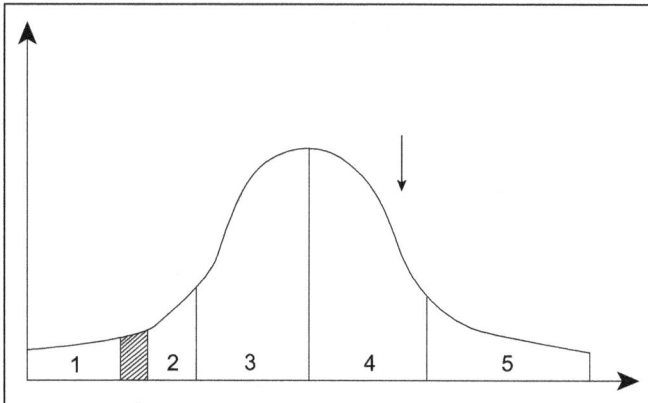

L'engouement des enthousiastes, lors des fêtes de fin d'année, a ébranlé les conservateurs qui sont maintenant familiarisés avec un accessoire que l'on observe fréquemment dans la rue, dont les journaux ont parlé, qui figure sur les rayons et dans les catalogues des revendeurs spécialisés et qui tout compte fait, a l'air pratique et ne rend pas ridicule.

Pour toucher les conservateurs, il faut augmenter le nombre de points de vente et recourir à la distribution non spécialisée. En France les chaînes telles que DARTY, CARREFOUR, VANDENBOORE en Belgique, TESCO en Angleterre fournissent plusieurs milliers de points de vente. Les pays nordiques ont moins développé la grande distribution, mais les magasins spécialisés sont beaucoup plus répandus. C'est au grossiste local de faire preuve de dynamisme pour élargir le nombre de points de ventes.

Pour déclencher cette nouvelle distribution, une nouvelle baisse de prix est en général nécessaire pour rompre avec le « prix précédent ». Pour la bonne cohérence du réseau, ce nouveau prix doit être offert à tous les intervenants.

Une nouvelle baisse du prix recommandé est prévue pour mi-février. Elle fait passer le produit sous la barre des 130 €, prix recommandé au public, permettant de passer un seuil critique d'achat, le prix de vente au distributeur étant de 69 €.

La remise par quantité, pratique courante dans le passé, est une politique à proscrire dans la vente indirecte car elle entretient une guerre des prix finalement nuisible au produit qui n'est plus rentable pour le réseau de distribution. En fait, les enseignes préfèrent se différencier par le biais d'actions marketing décidées avec le constructeur et éventuellement cofinancées par lui.

Le recours à de nouveaux acteurs pour couvrir notre segment élargi des conservateurs conduit à revoir également le dessin de notre route.

Phase 4 – Étape 1 : Génération de demande

Générer la demande	Qualifier les retours	Conclure la vente	Livrer le client	Suivre le client

Nous ne pouvons plus compter sur la couverture de presse, le sujet n'est plus nouveau. La publicité, pour être ciblée au mieux, conduit à envisager les magazines hebdomadaires mais les montants sont trop élevés pour un produit à volume limité : les estimations s'élèvent à 130 000 commandes maximum pour ce trimestre, soit, compte tenu des stocks en magasin, de l'ordre de 200 000 ventes aux utilisateurs.

Beaucoup de ces nouveaux acteurs ont leurs propres outils de génération de la demande sous forme de catalogue papier ou électronique, des animations sur les points de vente aux heures d'affluence, un merchandising maison très contrôlé, un personnel très encadré, motivé par des systèmes de primes et bonus. La génération de la demande se fera donc sous forme de cofinancement de campagnes avec les enseignes intéressées.

Ces campagnes seront l'occasion de relancer toute la famille de produits y compris les oreillettes classiques à fil. La grande distribution ne traite en direct avec un constructeur que s'il est considéré comme présentant une « catégorie de produit ». L'alternative pour le constructeur consiste à s'adresser à un distributeur qui intégrera le produit dans une catégorie de produits rassemblant plusieurs constructeurs, faisant l'objet d'un packaging propre au grossiste et non plus au constructeur. Ces opérations baissent les marges, empêchent l'affirmation d'un logo et compromettent la reconnaissance de la marque du constructeur au profit de la marque du distributeur.

Une campagne type pour une enseigne représente un coût de 50 000 à 100 000 €.

Nous financerons 10 campagnes pour un montant de 500 000 € environ. Nous retiendrons 400 000 € imputable directement à l'oreillette Bluetooth, le solde étant imputé aux autres produits de la marque.

Phase 4 – Étape 2 : Qualification des retours

Générer la demande	Qualifier les retours	Conclure la vente	Livrer le client	Suivre le client

Avec cette route tout se passe en magasin. La position des produits sur le rayon, leur disponibilité, la publicité sur les lieux de vente, le merchandising sont autant d'éléments qui conditionnent le succès. Ils ont été soigneusement définis avec les spécialistes de la chaîne pour orchestrer la campagne.

Certaines enseignes font preuve d'un professionnalisme rigoureux et pilotent en permanence l'exécution de ces programmes, d'autres que nous ne nommerons pas, même parmi les plus grandes, font preuve d'un laxisme étonnant.

Le cofinancement de la génération de la demande donne des droits, pas toujours appréciés, mais incontournables. Il est courant de vérifier régulièrement sur place la bonne application des consignes et le respect des engagements.

Une vérification des points de vente par enseigne est confiée à une agence spécialisée extérieure, une fois par mois, voire deux pour les dix plus grands d'entre eux. La conformité par rapport aux plans marketing est revue aussitôt avec la direction de la chaîne. Les enseignes les mieux gérées parviennent à des scores élevés de l'ordre de 80 %. Parmi les grandes chaînes le ratio peut baisser en dessous des 50 % : produit non disponible, prix erroné sur le rayon, merchandising absent…

Ces techniques sont inspirées des méthodes de gestion rigoureuses pratiquées traditionnellement par les fabricants de produits alimentaires de grande consommation. En Europe, les catégories de produits technologiques ont tout à gagner à un suivi du même type.

Dans les pays nordiques, les chaînes spécialisées sont moins développées. Des grossistes à valeur ajoutée fournissent aux revendeurs un service complet comprenant la sélection des produits, la formation du personnel et les campagnes locales. C'est donc au niveau du grossiste que le cofinancement des campagnes peut s'opérer. Le contrôle sera plus difficile et moins systématique.

Le marketing est ici un véritable partenariat géré par la force de vente interne en liaison avec les directions produit des grossistes et des enseignes. Le coût de l'inspection des points de vente est au moins égal à 10-20 % de la campagne selon les pays et la dispersion des points de ventes, soit dans notre cas un montant de 80 000 €.

C'est le prix qu'il faut payer si l'on veut obtenir une véritable génération de la demande.

Il est tentant de masquer une remise additionnelle sous couvert de marketing cofinancé. Ce n'est pas une dépense qui peut figurer dans l'étape génération de la demande ou qualification des retours, c'est un coût de la vente qui ne génère aucune vente supplémentaire. Elle peut se justifier par une stratégie de développement de la distribution et peut correspondre à de l'achat d'espace. Ces pratiques sont dangereuses légalement et stratégiquement. Des partenaires commerciaux doivent se sentir à égalité de traitement et gérés avec des règles transparentes. La confiance entre un constructeur et son réseau se bâtit sur le long terme. Ce qui ne veut pas dire que tous soient traités de manière identique puisque certains investissent et d'autres pas.

Phase 4 – Étape 3 : Conclure la vente

Générer la demande	Qualifier les retours	Conclure la vente	Livrer le client	Suivre le client

Nous avons vu dans l'introduction que la stratégie résidait dans la proximité avec l'acheteur. Il faut multiplier le nombre de point de ventes.

À ce stade deux indicateurs de mesure sont fondamentaux pour les forces de ventes :

– Les stocks dans le réseau : les ventes sont réalisées en amont par le fabricant pour constituer les stocks du grossiste puis des points de vente. Ceci représente des quantités considérables de l'ordre de 50 000 unités minimum dans notre cas pour l'Europe.

Comme nous l'avons vu dans le troisième chapitre, il ne faut pas conclure un peu vite au succès du produit alors que les ventes aux utilisateurs n'ont pas réellement démarré. Les invendus reviendront physiquement ou financièrement dans les comptes du fournisseur.

– Le suivi réel des performances : cela consiste à suivre les réapprovisionnements des magasins, généralement automatiques, qui ont pour but de remplacer en rayon les quantités vendues. Ce sont les flux qui permettent de mesurer l'activité réelle du produit. Ces données permettent de vérifier que le stock mis en place dans chaque magasin couvre bien les ventes entre deux réapprovisionnements. Sinon le nombre de ventes du magasin sera artificiellement amputé par une rupture de stock de quelques jours et les performances du produit sous-évaluées.

Ces exemples prouvent que la gestion d'un canal de distribution est un métier de spécialiste à part entière. Recourir à des grossistes et ne pas maintenir un lien privilégié avec les grands acteurs de la distribution en mode partenariat est une erreur couramment pratiquée, puis fatale à long terme.

Certains grossistes sont très opposés à ce mode de fonctionnement car ils se considèrent propriétaires de leurs clients, à savoir les enseignes de distribution ou les revendeurs. Une règle simple, érigée en principe de fonctionnement, permet parfois de contourner cet *a priori*. Le fabricant ne contribue financièrement à des campagnes que sous réserve d'un travail en direct avec le marketing de l'enseigne et de convenir avec lui du mode de suivi. Pour éviter des situations tendues, il faut que ce principe soit explicité et admis dès le début de la relation commerciale.

Les remises couvrent les missions de base de la distribution : approvisionnement, stockage, mise en rayon, réapprovisionnement, information du personnel sur le point de vente. Les cofinancements sont réservés à des opérations complémentaires supposées augmenter les ventes « naturelles ».

Il est parfois douloureux de dire à des grossistes « historiques », travaillant avec le fabricant pour de nombreux autres produits, qu'aucune chaîne de distribution ne les a retenus et que certains produits seront donc commercialisés par d'autres grossistes concurrents. Mais le choix d'un grossiste est basé sur l'accès au marché qu'il peut fournir. Il n'est pas possible de s'improviser en tant que fournisseur de la grande distribution même si l'on est reconnu comme un grossiste à grande valeur ajoutée pour un réseau de revendeurs plus spécialisés et moins contraignant. À chacun son métier.

La force de vente interne est très impliquée par la négociation et le suivi de ces opérations qui comportent de nombreux interlocuteurs. L'efficacité des ressources dépend largement du professionnalisme des commerciaux, donc de leur formation et de la méthodologie qu'ils emploient. Elles reposent essentiellement sur :

- un plan de marketing accepté par chaque chaîne, incluant le grossiste et comprenant les engagements réciproques de cofinancements et d'actions de marketing,
- le nombre de points de ventes actifs par chaîne,
- l'analyse comparative des ventes hebdomadaires par point de vente,
- les stocks à chaque maillon : point de vente, stock de l'enseigne, stock grossistes,
- la conformité des points de ventes par rapport au plan marketing.

Ces données sont souvent fournies par la direction produit du grossiste ou de l'enseigne. Leur absence est le signe d'une défaillance dans le triumvirat composé du commercial, du grossiste et de l'enseigne. Il y a fort à parier que l'efficacité de la distribution ne sera pas au rendez-vous.

La distribution à deux niveaux, est efficace lorsqu'elle fonctionne, mais peut se révéler un gouffre financier si elle ne permet pas d'exercer un rôle efficace en matière de génération de la demande et de qualification des retours. La remise consentie à l'ensemble grossiste plus enseigne est de l'ordre de 35 à 45 % du prix de vente.

Le cofinancement, la formation, le contrôle sont des dépenses spécifiques à ce précieux et onéreux canal qui fait payer sa capacité à générer du trafic dans ses points de vente.

La force de vente au cours de cette phase de janvier à mars sera utilisée aux 2/3 de son temps sur le produit, soit 100 000 €.

Phase 4 – Étape 4 : la livraison

Générer la demande	Qualifier les retours	Conclure la vente	**Livrer le client**	Suivre le client

Nous touchons les dividendes de cette route car il ne faut livrer que deux ou trois grossistes par pays dont les transactions augmentent en taille mais restent stables en nombre.

Phase 4 – Étape 5 : Suivi du client

Générer la demande	Qualifier les retours	Conclure la vente	Livrer le client	**Suivre le client**

Le suivi du client au téléphone est également stable malgré l'augmentation des volumes. La maîtrise du produit et en particulier la synchronisation d'une oreillette avec son téléphone est largement répandue parmi les revendeurs. Le nombre d'utilisateurs aidant, chacun devient plus autonome.

Les frais du centre d'appels restent stabilisés à 100 000 € pour le trimestre. La consolidation d'une enquête de satisfaction auprès des appelants montre une satisfaction de 80 % avec le produit.

Un rappel des personnes assistées par le centre d'appels montre une satisfaction de 96 % concernant la compétence et la disponibilité du centre d'appels. Ce dernier chiffre est établi par une équipe différente de celle qui fournit les prestations.

La route pour la phase 4 du produit ciblant les « conservateurs » parmi les cadres mobiles peut se résumer comme suit.

	Générer la demande	Qualifier les retours	Conclure la vente	Livrer le client	Suivre le client
Résumé de la route	– Campagnes d'enseignes cofinancées	– Points de ventes Enseignes	– Points de ventes Enseignes	– Grossiste – Distribution	– Centre d'appels

Le chiffrage de la route s'établit comme suit :

– Volume : 130 000

– Période : janvier – mars

– Revenu : 50 000 pièces à 85 € et 90 000 pièces à 69 €

– Soit : 10,46 M€

On notera un léger tassement des ventes trimestrielles passées de 150 000 à 130 000 unités qui reflète une baisse des ventes rapide en fin de trimestre dans le réseau des points de ventes spécialisés, compensés par le stockage et la montée des ventes dans le réseau de distribution généraliste.

Si l'extension du réseau ne s'était pas faite au cours de ce trimestre, les ventes en volume auraient fortement chuté dès la fin janvier, malgré la baisse des prix en février. On peut s'attendre à une fin de phase 4 en mars.

	Générer la demande	Qualifier les retours	Conclure la vente	Livrer le client	Suivre le client
Chiffrage de la route	Cofinancement	Intervention sur les points de vente	Force de vente	Point de vente	Centre d'appels
Total	400 000 €	80 000 €	100 000 €	65 000 €	100 000 €

Le total des dépenses s'établit à 745 000 € pour un revenu de 10,46 M€. Soit un ratio de 7,1 %.

Phase 5 : les sceptiques

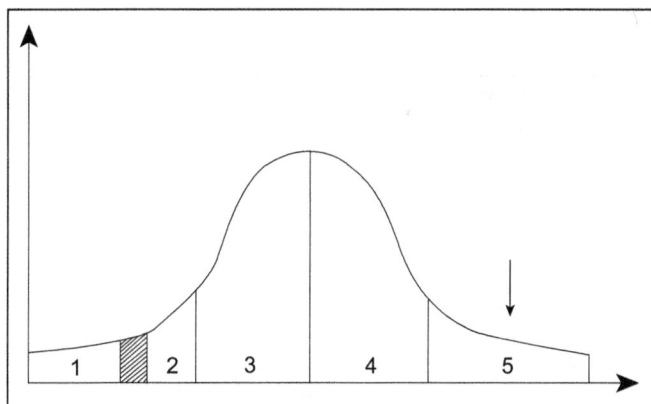

Les ventes aux utilisateurs baissent, l'engouement des pragmatiques a cessé, le produit est banalisé par les conservateurs, la distribution a atteint son maximum de couverture. La prise de commande va cesser rapidement et les stocks ne sont plus réapprovisionnés.

Nous sommes à 12 mois du lancement initial et à 9 mois des premières livraisons. C'est un cycle rapide pour un nouveau produit, mais le concept est installé durablement et avec succès. Il serait dangereux de pousser les grossistes et les distributeurs à continuer leur stockage, ce qui conduirait inéluctablement à des invendus et à des retours au fournisseur.

Quelques ajustements de stock vont s'opérer grâce aux grossistes entre différents magasins, soit même entre différentes chaînes. La formation et l'inspection des magasins ne sont plus nécessaires, la force de vente doit se consacrer à la préparation du lancement du nouveau produit.

Cette fois il s'agira de plusieurs modèles afin de disposer d'une gamme de prix couvrant des seuils d'achat multiples.

Une nouvelle étude de route sera nécessaire.

Consolidation des routes de l'oreillette bluetooth

Période	1Q	2Q	3Q	4Q	total
Volumes	1 800	70 000	150 000	130 000	351 800
Revenu	180 K€	7 M€	13,75 M€	10,46 M€	31,39 M€

	Générer la demande	Qualifier les retours	Conclure la vente	Livrer le client	Suivre le client
Phase 1	200 K€	Marginal	150 K€	Marginal	30 K€
Phase 2		50 K€	100 K€	35 K€	100 K€
Phase 3	270 K€	225 K€	100 K€	75 K€	100 K€
Phase 4	400 K€	80 K€	100 K€	65 K€	100 K€
Phase 5	0	0	50 K€		100 K€
Total	870 K€	355 K€	400 K€	175 K€	430 K€
	39 %	16 %	18 %	8 %	19 %

Total des dépenses : 2,230 M€ soit 7,1 % du revenu.

Nous n'avons pris en compte que les dépenses directes, mesurées et liées au produit, y compris le temps des commerciaux.

Compte tenu du montant du budget de recherche et développement de 10 à 15 % environ et des frais administratifs et généraux de l'ordre de 10 %, réaliser un profit de 10 % impose de ne pas dépasser un niveau de 10 % pour la route, si la marge brute est de l'ordre de 50 %.

Examen du profil de la route

Seulement 18 % des dépenses, soit moins de 2 % du chiffre d'affaires, sont consacrés à la « conclusion de la vente », qui, en fait, réside essentiellement dans la gestion du canal des grossistes et de la distribution.

L'essentiel des ressources, soit 39 % est consacré à la génération de la demande. Un montant de 400 000 €, soit la moitié de cette somme, a été dépensé en début de phase 4 sur les lieux de vente pour déclencher le marché des conservateurs difficiles à convaincre, bien après le lancement du produit dans la presse, et sans que le constructeur ait engagé de frais de publicité.

Précédemment, une somme équivalente, soit 470 000 €, a été consacrée pour joindre les enthousiastes puis les pragmatiques par du rédactionnel et des présentations dans les lieux où ils se rendent pour faire leurs emplettes technologiques.

Une campagne de publicité européenne permettant de joindre la même cible avec une exposition de 3 fois aurait coûté 1 à 2 M€ au bas mot. Elle aurait couvert tous les segments en même temps. Les pragmatiques et les conservateurs ne se seraient pas sentis concernés, et la cible initiale des enthousiastes et des visionnaires n'aurait pas été intéressée.

La qualification des retours s'est faite essentiellement en phase 3 et représente un montant de 225 000 € pour un montant total de 355 000 € pour attirer les pragmatiques et faire décoller les volumes du produit.

Le lecteur sera surpris du rôle limité d'Internet utilisé comme un média fournissant de l'information et du support, non pas comme un canal de ventes. Le concept et le produit n'étaient pas assez connu, ce n'est pas un produit suffisamment crédible pour passer par une structure de télévente. Ce canal pourra être envisagé pour la prochaine famille de produits.

Même DELL qui bénéficie d'une grande visibilité et d'un trafic important sur son site, n'a pas rencontré le succès escompté pour vendre des écrans plats ou des assistants personnels. Il s'agit de produits que l'utilisateur doit voir et toucher avant d'acheter.

Après avoir lu les développements sur le management des campagnes dans le chapitre 2, le lecteur peut également s'étonner de ne voir figurer aucune campagne directe dans les routes présentées pour l'oreillette sans fil.

Ceci est dû à la nature très dispersée de la cible : le segment des « cadres mobiles » et de son écosystème associé. Nous avons conclu que des achats individuels dont le revenu moyen par commande est de 150 à 200 € laissent peu de place à des frais de contacts personnalisés.

Rappelons que dans les routes choisies la génération de la demande, ramenée au nombre d'oreillettes vendues, se monte à 2,50 € pièce. Aucune campagne directe ne peut respecter cet ordre de grandeur.

Le nombre de retours de produits s'est avéré très faible, de l'ordre de 3 pour 1 000. La qualité du produit y est pour beaucoup, mais également la qualité de l'information disponible pour l'utilisateur auprès du vendeur et celle délivrée par téléphone grâce à un centre d'appels. Ce centre est mesuré non pas au nombre d'appels, mais au temps d'attente client et à la satisfaction clients. Consacrer à ce poste de dépenses le même montant qu'à la vente, soit presque 20 % des dépenses, peut paraître disproportionné, mais c'est un élément essentiel de l'image pour les marques qui veulent exister aux yeux du public. Cet investissement est d'autant plus rentabilisé que l'on constate une baisse du nombre d'appels pour les modèles suivants.

Le centre d'appels est également un moyen permettant l'identification en temps réel de problèmes techniques pour des technologies nouvelles disponibles auprès du grand public.

La faiblesse des retours a par ailleurs permis de simplifier les processus administratifs puisqu'il est demandé aux grossistes de remplacer immédiatement les produits défectueux sans effectuer de retours physiques au constructeur. Un relevé mensuel permet ensuite la régularisation financière.

L'identification des problèmes techniques a permis de prendre la décision de stopper en 48 heures les ventes d'oreillettes pour les acheteurs d'une marque de téléphone portable qui n'était pas conforme au protocole Bluetooth et qui donc présentait des difficultés de fonctionnement avec l'oreillette sans fil.

La qualité de diffusion de l'information permet de prévenir à temps le client qui décidera en connaissance de cause s'il préfère garder ce modèle de téléphone, mais sans oreillette, ou de choisir un autre téléphone permettant l'utilisation de l'oreillette.

Autre segment : les constructeurs de téléphone

C'est le segment OEM, acronyme anglo-saxon de Original Equipment Manufacturer. Les constructeurs voient dans l'oreillette Bluetooth une possibilité de promotion de leurs modèles haut de gamme dont la marge est plus élevée.

En apportant à l'utilisateur une solution sans fil, ils peuvent se positionner sur des segments professionnels à valeur ajoutée que nous venons de décrire et aussi pénétrer le marché des accessoires haut de gamme dont la profitabilité est supérieure au téléphone lui-même.

Ce débouché constitue un nouveau segment et donc justifie une route spécifique.

Les acteurs sont en nombre limité à une dizaine en Europe. Une fois n'est pas coutume… ce sont des fabricants européens qui maîtrisent le marché mondial du téléphone portable. Le marché pour les accessoires Bluetooth est donc plus avancé en Europe. Comme dans beaucoup de domaines, le marché américain a adhéré très rapidement au concept d'oreillette à fil de bas de gamme, mais le marché n'a pas été conquis initialement par Bluetooth, concept européen basé sur le réseau personnel auquel peu d'acteurs américains accordent du crédit.

Nous sommes ici dans un schéma de vente classique, en face à face, composé de spécialistes avec un support et une implication des équipes de développement centralisées.

L'identification des décideurs chez les fabricants de téléphone est assurée par une personne de l'équipe de vente au niveau de chaque pays, à temps partiel. Cette personne reçoit une formation et des outils de présentation qui couvrent les aspects essentiels de la société, ses compétences et les investissements dans le domaine de Bluetooth. Si le prospect est qualifié, l'action est relayée par l'équipe de développement et le marketing produit au niveau mondial.

La route peut se décrire de la manière suivante :

	Générer la demande	Qualifier les retours	Conclure la vente	Livrer le client	Suivre le client
Résumé de la route	– Vendeur pays – Face à face	– Vendeur pays – Face à face – Marketing produit	– Marketing produit – Développement produit	– Logisticien en direct du site de production	– Développement produit – Marketing produit

Le ratio dépense sur revenu d'une telle route doit rester au niveau de quelques % en raison de la faible marge des activités OEM lors de l'introduction de nouvelles technologies.

Ceci n'inclut pas les dépenses de développement du produit qui sont affectées dans le coût du produit comme nous l'avons vu au chapitre 3.

Pour un contrat de 200 000 pièces facturées 80 € en septembre, soit un revenu de 16 millions d'€ on peut évaluer :

– 10 visites au niveau des ventes pays soit 3 000 €,

– 10 réunions pour 5 personnes du développement soit 30 000 €,

– des frais de logistique et administratifs pour 40 000 €,

– un suivi client au téléphone et 5 interventions locales pour 20 000 €,

– soit un total de 93 000 € soit 0,5 %, si tout se passe bien.

Comme le montre cet exemple, la commercialisation de produits en OEM ne relève pas d'une optimisation pointue. Les décisions dans ce domaine relèvent plus de la finance et de la stratégie, des décisions de partenariats, et de l'évaluation des risques.

La notion de ratio dépense sur revenu est trompeuse car ce ratio est certes très faible mais s'applique à des contrats à faible marge. Dans ce cas, la mesure pertinente s'effectuera au niveau du profit car le prix de vente est inférieur à celui pratiqué avec le canal de distribution de l'ordre de 30 à 40 %.

Chapitre 6

Intégrer les routes dans le plan de l'entreprise

Nous avons vu comment la méthode des routes permet à une direction produit de définir l'accès au marché le plus pertinent pour un produit ou une offre en fonction de la cible, de sa maturité et de son écosystème.

De toute évidence, peu d'entreprises vivent avec un seul produit sur un seul marché. Notre objectif est de montrer comment la méthode des routes, généralisée à l'ensemble de l'entreprise, permet de synchroniser toutes les ressources internes et externes, de consolider les actions retenues en termes de charge de travail et d'aider à la validation du plan général de l'entreprise.

Les arbitrages de la direction générale : courage, fuyons.

Chaque route prise individuellement peut présenter une opportunité très attractive, mais la consolidation de toutes les routes peut s'avérer un investissement hors de portée ou présenter des risques trop grands aux yeux de la direction générale.

Le rôle du plan d'entreprise

L'objectif du plan est de pouvoir établir un compte d'exploitation prévisionnel annuel et trimestriel afin d'allouer les ressources et de mesurer les écarts tout au long de l'année. C'est aussi à l'occasion du plan qu'il faut recueillir et explorer des idées nouvelles.

Nous avons tous vécu la frustration de partager une nouvelle idée, un nouveau projet avec le comité de direction, de recueillir son intérêt, et même son enthousiasme et puis plus rien… Comme le dit l'expression classique : ce n'est pas « au budget ». Il est difficile de prendre de nouveaux virages en dehors du processus du plan.

L'adaptation de l'entreprise à son environnement, la croissance de son revenu ou de sa rentabilité… sont autant d'impératifs qui dicteront les grands équilibres du plan et permettront d'établir des priorités de dépenses. Ce sont des décisions difficiles, stratégiques qu'un trop grand nombre de dirigeants, aussi surprenant que cela puisse paraître, délèguent largement aux financiers,

Les dépenses de commercialisation peuvent représenter environ un tiers des dépenses totales de l'entreprise selon les secteurs d'activité. Leur examen n'est donc pas un simple détail de spécialistes, encore faut-il disposer de repères et de mesures. C'est exactement l'objectif de la méthode des routes de rationaliser et d'optimiser ces dépenses. Ce faisant nous les avons rendues transparentes et compréhensibles par des non-spécialistes y compris par la direction générale.

Le bon sens reprend ses droits et des repères sont établis pour apprécier les dépenses consacrées au processus de relation client, depuis la génération de la demande jusqu'au suivi client.

Les dépenses étant optimisées et validées, il reste à les consolider et à les intégrer dans le budget et le plan opérationnel de l'entreprise, condition *sine qua non* de leur bonne exécution et de leur pérennité.

Comment la méthodologie des routes peut-elle être intégrée de façon pratique dans le cycle du plan ?

1. La consolidation des routes

Lorsque chaque division produit a planifié ses routes, l'entreprise dispose d'une estimation de coût de commercialisation par trimestre et par étape. Si la méthode des routes n'a pas été appliquée pour tous les produits, on utilisera les chiffres fournis par l'analyse de l'existant fournis au paragraphe 2 du chapitre 2.

Le tableau suivant permet de consolider les routes pour toute l'entreprise par trimestre et par étape :

% D/R	Générer la demande	Qualifier les retours	Conclure la vente	Livrer	Suivre le client	Total dépenses	Revenu	%
Produit A	800	460	220	50	100	1 630	27 000	6 %
Produit B	400	100	300	150	50	1 000	25 000	4 %
...								
Total année	4 200	2 800	820	300	500	8 620	125 000	7 %
% du total des dépenses	48 %	32 %	9,5 %	3,4 %	5,8 %	100 %		

(TOTAL — 1er Trimestre, 2e Trimestre, 3e Trimestre, 4e Trimestre)

Figure 6.1. **Chiffrage des routes consolidées**

Validation du modèle commercial de l'entreprise

Cette formalisation donne de précieux renseignements pour valider le modèle commercial de l'entreprise, en particulier le montant total des dépenses et leur répartition dans le temps.

Regardons plus en détail l'exemple de la figure 6.1 :

- Le profil du modèle commercial utilisé est à dominante marketing avec 80 % des dépenses liées à la génération de la demande et à la qualification des retours. Ceci conduit à valider le dimensionnement des ressources internes et externes consacrées à la vente.

- Le cumul des produits et des actions au cours d'un trimestre donné ou sur l'année ne conduit-il pas à surcharger la force de vente ou les canaux externes ? Une étude plus approfondie de la capacité des canaux envisagés est peut-être nécessaire ?

- À l'inverse, si l'on supprime une campagne ou un salon intégré dans une ou plusieurs routes dans une recherche de réduction des coûts, quelle va être la perte de revenu correspondante ?

- La profitabilité est-elle suffisante ? L'analyse du compte d'exploitation fournit un ratio entre les dépenses fixes non imputables et les dépenses variables, liées à un produit spécifique ou à une famille de produits. Dans ce modèle, un ratio de 7 % de dépenses directes sur revenu est-il acceptable ?

Cette dernière question peut conduire à revoir et à filtrer toutes les dépenses de marketing, ventes, commercialisation (qui incluent la publicité institutionnelle, les salons de prestige, les campagnes d'image, les relations publiques, les conventions internes et externes), administration, finance... qui ne contribuent pas directement aux routes et ne sont pas intégrées dans le calcul des routes. Sont-elles vraiment nécessaires si elles ne sont pas directement associées à la commercialisation ?

La liste est longue, ces actions sont toutes très bénéfiques, à la condition qu'elles ne représentent pas un montant déséquilibré par rapport au montant des routes. Le chiffre de 20 à 30 % de dépenses fixes par rapport au montant des routes peut servir de repère ainsi que nous l'avons évoqué au deuxième paragraphe du chapitre 2.

En terme de compte d'exploitation, pour une entreprise dont les routes consolidées ont un ratio dépenses sur revenu de 7 %, et si au total, les dépenses fixes de commercialisation représentent 30 % du montant des dépenses variables, le ratio total des frais de commercialisation est de 9,1 %, auxquels il convient d'ajouter les autres postes de dépenses indirectes, environ 10 % du revenu.

Si on cherche un profit de 10 % avant impôt au niveau du compte d'exploitation, avec une R & D de 15 %, la marge brute doit dépasser les 50 %. Si ce n'est pas le cas, il faut modifier les objectifs ou réduire les dépenses en commençant par les dépenses fixes non identifiables par produit ou famille de produits.

Le flou organisé : l'allocation des dépenses

Une grande vertu des routes est de mettre en évidence le montant et le pourcentage des « dépenses indirectes » au sein de rubriques censées faire partie des forces vives en particulier au sein du marketing, de la logistique, de l'administration des ventes, etc. Toutes les dépenses non attribuables à une route spécifique, sont des dépenses indirectes, même si elles figurent au budget de fonctions directes.

Pour arriver à un compte d'exploitation complet par ligne de produit, les financiers doivent répartir les dépenses fixes par un jeu d'allocations en fonction de critères souvent arbitraires : au prorata du revenu, des unités vendues... Ces méthodes conduisent à des erreurs dangereuses sur la contribution effective au profit, des différentes lignes de produit.

Prenons l'exemple de la logistique : il est tentant de répartir les coûts proportionnellement au revenu : c'est simple et « démocratique ». Nous avons constaté que cette méthode est pratiquée dans certaines entreprises parmi les grandes. Comment alors différencier une livraison à un grossiste par palette de 1 000 unités, des livraisons par dizaine à des petits revendeurs. La différence de coût entre la prise de commande, la livraison, la facturation et le recouvrement varie de 1 à 400. Le système d'allocation de dépenses en fonction du revenu ou du volume ne fait pas de différence. L'analyse de la profitabilité de la route indirecte sera arbitrairement déformée par cette méthode d'allocation.

Certaines méthodes d'allocation, l'« *Activity Based Costing* » par exemple, sont très prisées par les financiers qui peuvent retrouver la sécurité des balances carrées pour leurs vérifications. Mais outre leur complexité, elles contribuent à masquer des inefficacités en les dispersant. Nous préférons dans le cadre des routes, travailler sur des mesures « non corrigées » et réintroduire les postes fixes des dépenses lors de la constitution du compte d'exploitation.

L'exemple du centre d'appels : le dialogue de sourd

Dans les années 1990, la majorité des entreprises ont mis en place des centres d'appels pour assurer une part de plus en plus grande des relations clients, regroupant ainsi des opérations jusque-là réparties dans de multiples services de l'entreprise. Comme nous l'avons vu lors de nombreux exemples, le centre d'appels, créé au départ pour réduire les dépenses, est devenu rapidement un élément fondamental des routes de l'entreprise. Son rôle initial était de recevoir des appels de l'extérieur. Il s'est rapidement étendu à la recherche de contacts systématiques en support des campagnes de marketing direct.

Rares sont les entreprises qui pouvaient se permettre de créer des plates-formes de quelques dizaines, voire centaines ou milliers de personnes sans avoir à faire un redéploiement des ressources existantes.

Une question douloureuse s'est posée : qui paie pour lancer cette activité ? C'est toujours l'autre, mais qui ? La création de centres d'appels était une nécessité que personne ne remettait en cause, mais personne ne voulait amputer ses propres ressources pour les redéployer dans un service mutualisé dont l'efficacité restait à prouver.

La majorité des entreprises européennes ont pris modèle sur les procédures développées aux États-Unis qui ont cinq ans d'avance pour gérer les grands centres d'appel. Ceux-ci ont été conçus pour fonctionner de façon quasi autonome : prise de commande, support technique, télévente… Leurs activités, à cette époque, n'étaient pas réellement intégrées au sein d'un processus structuré de relation client. Il a fallu inventer un mode de communication pour que l'univers clos du centre d'appels travaille étroitement avec ses clients internes, les directions produit. Une véritable relation *client-fournisseur* doit s'établir autour de la réalisation de campagnes téléphoniques, de la prise d'appels et de la qualification de retours.

Dans les entreprises organisées et gérées par fonction, financer le centre d'appels a conduit à la réduction des budgets de communication, de marketing, et des effectifs des vendeurs… sur la base de la « méthode du doigt mouillé ». Dans les entreprises organisées par produit, on a réduit les ressources de chaque division au prorata du revenu selon la bonne méthode « démocratique » prônée par les directions financières.

Ce faisant, si le problème du financement total du centre d'appels est bien réglé, ce n'est pas le cas de la méthode d'allocation des ressources au sein de ce centre. Pour accélérer la mise en œuvre et convaincre les divisions de recourir à ce nouvel outil, IBM a décidé de réserver un budget pour chaque division au sein du centre d'appels. Liberté à chaque division de l'utiliser ou non, mais il était de toute façon « facturé » à chacune d'entre elles. C'est en formalisant leurs routes, exercice demandé par la direction générale d'IBM, que les directions produits ont défini leurs besoins précis en ressources au sein des centres d'appels. Le démarrage cohérent s'est effectué ainsi en quelques mois. Les années suivantes, beaucoup de directeurs de divisions ont fait d'eux-mêmes des arbitrages dans leur soumission de plan entre les forces traditionnelles de terrain et les agents des centres d'appel.

Consolidation des routes : le plan opérationnel par fonction

Dans la majorité des entreprises, les fonctions (communication, marketing client, ventes, administration…) soumettent des plans qui reflètent leurs propres organisations internes.

Les budgets sont soumis à la direction financière qui pratique des arbitrages en fonction de pourcentages d'augmentation de budget : certains postes, jugés plus stratégiques, peuvent faire l'objet d'une augmentation plus importante que la croissance moyenne des dépenses de l'entreprise.

Une fois les budgets globaux alloués, le plus souvent inférieurs aux demandes, commence une série de discussions avec chaque direction produit pour se mettre d'accord sur les actions à conduire. Plus le budget consenti par la finance est faible, plus la tentation sera forte de privilégier des actions généralistes sous prétexte de servir à la fois plusieurs lignes de produit. Les divisions produits se voient allouer des dépenses correspondantes à l'activité qui leur est consacrée, sur la base de la meilleure estimation possible et dans un « commun accord » sur les projets à mener : une campagne, un salon, une opération presse souvent regroupée au sein d'un événement plus large.

> **C'est la méthode traditionnelle de planification par fonction qui est *complètement antinomique avec la notion de route* qui fonctionne à l'inverse.**

Lorsque les routes sont établies par un groupe de travail, généralement sous l'égide de la division produit, chaque étape prévoit l'intervention de ressources qui sont consolidées par nature et par trimestre.

La consolidation des dépenses des routes à exécuter par cette fonction permet de déterminer son budget ainsi que le plan d'opérations.

TOTAL annuel				
Projet	Produit A	Produit B	... Projet	Total
Campagnes	200	100		800
Marketing	200	70		1 300
Publicité	380	250		1 800
Salons	120			400
Ventes	220	300		2 100
Livraisons	50	150		550
Centre d'appels	460	130		1 750
...				
Total produit	1 630	1 000	...	8 700

(Les onglets en haut du tableau indiquent : 4ᵉ Trimestre, 3ᵉ Trimestre, 2ᵉ Trimestre, 1ᵉʳ Trimestre)

Figure 6.2. **Le plan d'opérations**

En ajoutant à cette liste les projets qui ne sont pas liés directement aux produits tels que les opérations de rayonnement de la marque, la direction de cette fonction pourra évaluer si elle peut faire face à la charge qui lui est demandée, et si besoin, lisser la charge de travail pour optimiser les ressources.

Le cas particulier du plan de communication

La force des messages délivrés par l'entreprise dépend de la cohérence et du timing. En déduction des routes on peut établir le tableau suivant relatif aux activités de communication.

Produit B

Produit A

Évènement / support	date	message
Salon	17/03	Téléphoner les mains libres
Conférence presse	20/03	Annonce oreillette bluetooth
Campagnes distribution	09/10	Sécurité, ergonomie santé

On peut alors vérifier la cohérence par évènement ou support :

Campagnes distributeurs

Événements presse

Salon 1 du 17 mars

Produit A	message 1
Produit B	message 2

Cette approche de consolidation de Routes rend transparent et compréhensible pour les « non-initiés » les activités de marketing et de communication.

Quelle que soit sa taille, une entreprise ne peut se passer de cette opération de consolidation. Une PME réalisera l'exercice en une soirée, une entreprise plus grande doit organiser un processus de consolidation. Dans les très grandes entreprises, les structures sont toujours matricielles et internationales. L'exercice de consolidation doit se situer au niveau des divisions, au niveau où sont établis les centres de profit.

2. La place des routes dans l'entreprise

« Encore un exercice bureaucratique de plus, »
« Laissez nous travailler, »
« Paperasse inutile… »

La litanie est longue des commentaires accompagnant une nouvelle initiative de planification.

Le modèle commercial de l'entreprise est trop stratégique pour être relégué au niveau des formalités administratives du plan.

Si le plan donne lieu à discussion, à arbitrage, il générera quelques frustrations mais sera aussi l'occasion de se remettre en cause, d'avancer, et d'évoluer. C'est une période privilégiée pour la créativité et les nouvelles initiatives. Une fois le plan approuvé et mis en place, les idées nouvelles ont beaucoup plus de mal à déboucher quelle que soit leur qualité : elles ne sont pas au plan.

Une PME de quelques personnes n'échappe pas à l'exercice du plan qui lui permet d'établir ses priorités dans le cadre contraint de son financement. Les mises à jour doivent être par contre plus fréquentes et elles ont le mérite de formaliser les changements de stratégie nécessaires pour s'adapter et innover.

En résumé, le plan d'une entreprise doit être animé par la direction comme un exercice de dialogue, de stimulation partagé de manière enthousiaste par des acteurs qui veulent conduire le changement. Quelques dispositions peuvent contribuer à créer cette ambiance de créativité.

Principe n° 1

> **Un bon exercice de plan est une consolidation de données dont les acteurs de l'entreprise ont besoin de toute façon pour remplir leur fonction.**

Rien n'est plus frustrant que transmettre des données jugées inutiles. Il est par contre passionnant de partager avec son entourage, sa hiérarchie et ses collègues les éléments qui décrivent la vision, les objectifs, les moyens à mettre en place, les risques, les opportunités…

Quand on partage, on peut admettre un format, une méthode commune pour faciliter la communication, les comparaisons, la consolidation et finalement les arbitrages et les décisions. C'est une nuance importante par rapport à une bureaucratie qui aspire des données de façon anonyme.

La méthode des routes est précisément une plate-forme de communication qui permet à tous les acteurs impliqués dans la commercialisation de s'inscrire dans une action concertée, synchronisée et optimisée. C'est un exercice regroupant des experts de plusieurs fonctions autour d'un mode d'emploi commun. L'objectif premier est l'action, une action coordonnée et solidaire.

Il est courant de constater les excellents résultats d'une fonction alors que la performance totale de l'entreprise est décevante. C'est le cas d'une campagne « réussie » qui génère beaucoup de retours, rarement transformés en ventes ou d'un centre d'appels qui dirige une multitude de clients sur les revendeurs qui mystérieusement ne concluent pas de ventes.

La méthode des routes rend tous les acteurs solidaires du résultat final en termes de revenu de dépenses et de satisfaction client puisqu'elle couvre le processus de bout en bout.

Principe n° 2

> **Les routes ne sont pas destinées à formaliser un exercice de plan, leur objectif premier est la mise en œuvre d'un modèle de commercialisation optimisé.**

Ce travail doit être mené par les acteurs eux-mêmes, avec l'aide d'une méthode et avec un format permettant la consolidation ultérieure sans avoir à rechercher des informations supplémentaires.

3. L'introduction de la méthode

Chaque entreprise possède ses moyens de communication interne : séminaires, journées au vert... Nous n'entrerons pas dans les détails de la logistique, mais nous pouvons témoigner de quelques approches qui se sont avérées efficaces pour obtenir la sensibilisation puis l'adhésion de l'encadrement.

© Groupe Eyrolles

206

La présentation au comité de direction

> **Un préalable est requis avant tout démarrage : Un « expert »
> interne unique doit devenir le « champion » de la méthode
> dont il assurera la diffusion et fournira le coaching
> pour les équipes en cours de mise en œuvre des routes.**

On ne met pas en place une nouvelle méthode pour le plaisir ou pour céder à la mode (expérience vécue dans toutes les entreprises). La meilleure sensibilisation se construit sur la réalité vécue, sur un objectif stratégique de changement identifié au plus haut niveau de l'entreprise, voire sur l'urgence de régler un problème opérationnel pour lequel la méthode des routes peut apporter des réponses :

- augmenter sa part de marché pour les produits existants,
- introduire un nouveau produit,
- valider les ressources consacrées à la commercialisation,
- améliorer les performances des canaux externes,
- redéfinir les missions et les ressources des ventes directes,
- mettre en place des ventes indirectes,
- recourir à des grossistes pour une distribution à deux niveaux,
- mettre en place un centre d'appels,
- améliorer la communication au sein d'une structure matricielle,
- améliorer la profitabilité.

Pour un problème posé, chaque fonction apporte sa contribution en ordre dispersé, puis vient ensuite la question de la cohérence. La méthode des routes permet de la résoudre.

Une présentation succincte des principes au comité de direction motivera une formation plus approfondie des départements impliqués dans le dessin des routes. Elle est réduite à quelques heures et elle est assurée par le « champion ».

L'analyse de l'existant

La meilleure des formations n'est pas de lire des livres théoriques. Il faut partir d'éléments concrets. Le plus simple est de se lancer dans une étude de route par l'« analyse de l'existant » que nous avons présentée au deuxième paragraphe du chapitre 2.

La fonction finance peut fournir les éléments pour réaliser ce type d'analyse et présenter les résultats à chacune des équipes de management produit en présence du « champion » des routes. C'est une excellente opportunité de faire apparaître les lacunes du modèle commercial tels que le déséquilibre entre la génération de la demande et la qualification des retours, le coût exorbitant d'une route directe, le coût ou l'absence du suivi client…

Cette analyse, assez rapide à faire, s'avère un moyen simple et efficace de motiver des équipes de management pour l'adoption de la méthode des routes.

Le déroulement d'une action pilote

Parmi les équipes produits, quelques-unes sont plus réceptives, plus dynamiques et plus motivées que d'autres pour avancer. Il faut les utiliser comme pilote pour enclencher une démarche de routes dans l'entreprise.

Avec l'aide du « champion de la route » (expression entendue), l'équipe dirigeante de la division produit va analyser l'existant et définir quelques orientations pour améliorer la situation :

augmenter les ventes par des campagnes de marketing direct, réduire les ventes directes, faire appel à des grossistes…

Les professionnels des fonctions concernées par ces études reçoivent une formation de quelques heures pour connaître les règles permettant d'établir les coûts. L'équipe soumet ensuite au management le profil des routes simulées, pour décision avant le lancement.

> **Il est inutile d'attendre que l'intégralité des routes soit définie avant de commencer la mise en œuvre.**

Le lancement peut se faire produit par produit, route par route.

Il appartient ensuite à la direction générale de rendre visible cette approche et les résultats obtenus pour l'ensemble de l'encadrement. De la communication à la logistique en passant par les ventes et la finance, tout le monde est concerné.

Nous n'insisterons jamais assez sur le fait que les décisions liées aux routes sont stratégiques et financières et requièrent l'implication évidente des dirigeants.

En 1996, la division d'IBM « *Open Storage* », en charge des unités de stockage était face à un problème grave. Sa part de marché sur les systèmes dits ouverts : WINDOWS NT, UNIX… avait considérablement diminué par rapport à des concurrents comme EMC, SEAGATE… Toutes les équipes de marketing produit étaient persuadées que ceci était dû à l'ouverture d'un canal en OEM, accusé d'avoir cassé les prix, rendant les produits sous logo IBM beaucoup trop chers et donc en dehors du marché.

Afin de statuer une fois pour toutes sur ce problème, un groupe de travail s'est réuni au siège d'IBM Europe composé de membres du marketing produit venu des États-Unis, des ventes et du marketing client en Europe, de la finance et d'un spécialiste des routes en tant qu'animateur du groupe. Le directeur général de la division était présent pour faire l'introduction de ce groupe de travail afin de souligner l'importance accordée à ce projet.

En déroulant la méthode des routes pas à pas, il a été possible de comprendre avec soin quels étaient les problèmes rencontrés par cette division. Les conclusions ont été les suivantes.

Le marché se compose de deux segments différents de même taille :

– les unités de stockage intégrées dans un ordinateur départemental ou une station de travail. Ces décisions d'achat sont prises par le fabricant d'ordinateur.

– l'autre moitié est un marché d'extension : le disque est plein et il faut en acheter un autre. Si un éditeur d'application ou un VAR fait l'effort de vendre un système complet pour installer ses logiciels applicatifs, il ne se déplacera pas pour un simple disque. Ceci n'est pas cohérent avec son modèle économique. Pour couvrir ce segment, il fallait donc mettre en place un réseau de revendeurs, inexistants jusqu'alors.

La division OPEN STORAGE pensait couvrir le marché en affectant toutes ses ressources commerciales au suivi des VAR, ignorant ainsi les revendeurs. Ce faisant, aucune route n'avait été déployée pour couvrir ce marché d'extension.

Cette analyse a permis à cette division de redéfinir ses routes et de donner à chaque département ventes, marketing direct et couverture canaux, sa propre feuille de route :

– Recrutement des grossistes spécialisés dans les unités de stockage.

– Recrutement de revendeurs.

– Mise en place de campagnes de génération de la demande pour créer des retours qualifiés par le Centre d'appels.

– Mise en place de formation pour les revendeurs et suivi de leurs questions par un centre d'appels.

Ces actions ont été officialisées lors d'une réunion formelle de planification en présence des directions de chacune des fonctions concernées, l'objectif étant d'expliquer à chacun la logique globale de la route et sa contribution particulière.

Trois mois après cette réunion, la division OPEN STORAGE avait regagné des parts de marché. Ce premier pilote a beaucoup aidé pour faire connaître la méthode des routes. C'est un exemple de ligne de produit qui n'a pas attendu que cette approche soit généralisée au sein de toute l'entreprise pour mettre en place sa réflexion en termes de route et obtenir ses premiers résultats.

La réunion de lancement

Mettre en place une route est un événement, presque solennel. La réunion de lancement est un moment privilégié où tous les acteurs de la route sont réunis pour être informés des actions décidées, pour chaque étape de la route.

Chacun aura participé à la mise au point de sa contribution. Le jour du lancement, tout l'orchestre est présent et les partitions individuelles doivent se confondre dans un objectif commun : le succès de la route grâce à la bonne harmonie de ses intervenants.

Chaque représentant de fonction reçoit donc confirmation de sa « feuille de route » c'est-à-dire des actions dont il est responsable : la conception d'une campagne par le marketing, son exécution par le centre d'appels, la motivation et le suivi des partenaires externes par le management du canal externe…

C'est une réunion que d'aucuns qualifieront de grand-messe. Notre expérience nous a confirmé que de nombreux participants se trouvaient réunis pour la première fois autour d'un objectif commun, partagé, clair et mesuré.

La direction se doit d'être présente pour souligner l'enjeu opérationnel de l'exercice, qui donnera lieu à un suivi et éventuellement à une autre réunion si les activités de route ne se déroulaient pas comme prévu.

L'objectif de la réunion est certes de veiller à procurer le même niveau d'information à tous les acteurs d'un même processus mais aussi d'emporter leur adhésion, voire leur enthousiasme de réaliser l'objectif indiqué sur la « feuille de route ».

Le plan finance : les routes devenues incontournables

La réussite d'une action pilote est un excellent moyen de permettre de généraliser la méthode des routes à l'ensemble des directions produit.

> Pour trouver sa pleine efficacité et sa crédibilité, la méthode des routes doit se retrouver dans la structure du plan finance, c'est la décision prise en 1996 par le directeur financier d'IBM au niveau mondial. Les formats de données demandées par la finance et consolidées au niveau mondial étaient ceux décrits par la méthode des routes.

Cette décision précipite la généralisation : les directions qui ont déjà réalisé un exercice de route pourront se référer à leur première expérience pour établir des hypothèses crédibles pour pouvoir établir et défendre leurs budgets en fonction de priorités opérationnelles. Les sceptiques, qui n'ont plus vraiment le choix pourront se renseigner auprès de leurs collègues pour se mettre rapidement à niveau.

Au fur et à mesure que se dérouleront plusieurs exercices de plan, la logique des routes sera approfondie par les directions produits qui se mettront à affiner leurs hypothèses ainsi que par la direction financière qui pourra mettre en place des indicateurs pour suivre l'exécution des routes. Les directions transverses auront une base de discussion précise pour comprendre leur contribution au plan d'opération général. L'entreprise dans son entièreté acquiert une maîtrise pour définir et optimiser ses ressources commerciales.

L'intégration au plan de l'entreprise assure que la méthode ne sera pas le domaine réservé de spécialistes capables de présentations brillantes mais sans lendemains. Elle sera vraiment l'outil d'exécution du modèle commercial. Les départements travailleront en équipe et leur succès deviendra celui de l'entreprise dans sa globalité.

La vente n'est pas un art, ni une intuition.

Elle nécessite de la créativité et du leadership et le recours à l'action de spécialistes.

C'est un processus, qui implique de multiples fonctions et dépasse même les frontières de l'entreprise.

Une direction générale ne pratique pas le « micromanagement » en analysant un poste qui représente plus de 20 % de ses dépenses totales. En connaît-elle seulement le montant ?

La vente est un processus complexe :

- Trop coûteux pour être délégué aux seuls vendeurs.

- Trop versatile pour ne pas donner lieu à des remises en cause permanentes.

- Trop stratégique pour être arbitré par les seuls financiers.

La méthode des routes permet le lien entre la stratégie et les opérations, entre le produit et le client, entre les hommes de l'entreprise et leurs partenaires extérieurs.

Mais une méthode, quelles que soient ses vertus, ne s'impose pas d'elle-même au sein de l'entreprise. Elle dépend essentiellement de la conviction de la direction générale. Une conviction ne se délègue pas à un expert extérieur, elle ne s'impose pas par l'application d'une procédure ou un contrôle bureaucratique.

La culture du résultat induit au sein d'une équipe un souci d'ouverture et de changement. Au-delà des mots, des outils sont nécessaires pour passer à l'action. La méthode des routes permet le passage du concept à la réalité.